心动力丛书

拒绝盲从

让人不心累的社交练习书

［日］鸿上尚史 **主编**

于 音 **译**

中国科学技术出版社
·北 京·

图书在版编目（CIP）数据

拒绝盲从：让人不心累的社交练习书 /（日）鸿上
尚史主编；于音译 . -- 北京：中国科学技术出版社，
2023.12

（心动力丛书）

ISBN 978-7-5236-0371-0

Ⅰ.①拒⋯ Ⅱ.①鸿⋯ ②于⋯ Ⅲ.①人际关系—通
俗读物 Ⅳ.① C912.11-49

中国国家版本馆 CIP 数据核字（2023）第 223158 号

"KUKI" O YONDEMO SHITAGAWANAI: IKIGURUSHISA KARA RAKU NI NARU
by Shoji Kokami © 2019 by Shoji Kokami
Originally published in 2019 by Iwanami Shoten, Publishers, Tokyo.
This simplified Chinese edition published 202X
by China Science and Technology Press Co., Ltd., Beijing
by arrangement with Iwanami Shoten, Publishers, Tokyo

版权登记号：01-2023-3019

策划编辑	王晓平
责任编辑	王晓平
封面设计	沈 琳
正文设计	中文天地
责任校对	张晓莉
责任印制	徐 飞

出　　版	中国科学技术出版社
发　　行	中国科学技术出版社有限公司发行部
地　　址	北京市海淀区中关村南大街16号
邮　　编	100081
发行电话	010-62173865
传　　真	010-62173081
网　　址	http://www.cspbooks.com.cn

开　　本	880mm×1230mm　1/32
字　　数	69千字
印　　张	3.625
版　　次	2023年12月第1版
印　　次	2023年12月第1次印刷
印　　刷	北京荣泰印刷有限公司
书　　号	ISBN 978-7-5236-0371-0 / C·248
定　　价	48.00元

引 言

你是否有过类似的经历：他人求你办事，你内心虽然并不想答应，但却无法拒绝；不想跟大家做相同的事情，但由于在意旁人的目光，还是忍住了拒绝的冲动；听到前辈的安排，心里默默嘀咕："为什么只能沉默着顺从？"面对社交软件时，虽然不想回复，还是无数次妥协，选择了继续回复与交流；总是不知不觉地被"场域"中的信息或者氛围左右，最终无法去做内心真正想做的事。

你是否为此叹息过：为什么社交让人这么心累，这么痛苦？

本书将带你探索社交痛苦中隐藏的秘密，告诉你让生活变得轻松的方法。

你可能会产生疑问："什么？这种事情中还隐藏着秘密？"

是的，而且当你了解了其中隐藏的秘密，就会发现生活将变得非常轻松。

为什么拒绝他人的请求如此痛苦?

为什么如此在意旁人的目光?

为什么不得不服从前辈的安排?

为什么总是迎合周遭的环境?

为什么如此看重社交软件?

为什么总是不知不觉地被"场域"中的信息左右?

我将带你顺次揭开这些秘密。这并非难事,只要认真思考,答案就会浮现出来。

对此,一定有人面露难色:"我可不想费脑筋琢磨这种事。"

但思考是非常重要的。例如,发生了一件令你十分难过的事情,因为实在太痛苦了,你甚至想一死了之。如果你什么都不做,就只能任由自己沉浸在痛苦中,这时你不妨试着思考"自己为什么如此痛苦"。你可能已经注意到了,在思考的过程中,痛苦的程度在降低。

"仅此而已?"你可能觉得没什么大不了。举个例子吧:你一直饲养的爱犬不幸去世了,自己因此沉溺于痛苦中无法自拔。此时,如果你仔细想想:"为什么如此难过?心爱的狗狗陪伴了自己 12 年,有太多美好的回忆,所以难过?最幸福的时光是什么时候?因为无法和狗狗再次重现这种幸福,所以难过?"像这样不断地思考。在思考的过程中，悲伤情绪会逐渐缓和。

当然，悲伤的事情本身并不会消失，爱犬去世带来的痛苦还将持续。但是思考关于悲伤这件事，会让自己的情绪离悲伤远一些。

这就是"思考力"。

在本书中，我们将为了不被情绪裹挟而思考，为了自己不对周围的一切视而不见、痛苦活着而思考；为了不失去理智而思考；为了找到更好的、轻松的生活方式而思考。

因此，我们也需要思考令自己社交痛苦的秘密。

思考本身并不难，甚至是一件有趣的事情，因为将隐藏的秘密逐一揭示、发现真相的过程，是令人激动和兴奋的。

让我们一起出发，踏上探寻"社交痛苦的秘密"之旅吧。

目　录

为什么必须服从前辈的安排

我曾经在日本广播协会（Nippon Hoso Kyokai，NHK）电视台 BS1 频道播放的节目《帅气的日本》（*Cool Japan*）中担任主持人超过 10 年。虽然这档节目介绍的是"帅气的日本"，但其中也有一部分内容介绍的是"不帅、让人无法理解的日本"。

有一位在日本生活的德国女性，大学时参加了高尔夫社团（大学也像中学、高中一样有俱乐部活动）。她在大学 3 年级的时候加入社团，所以作为 3 年级学生参加社团活动。她在节目中分享了很多吃惊的体验。

她看到 1 年级的学生"简直像奴隶一样"打扫教室、做练习的准备，还要照顾前辈。这对于来自德国的她来说，完全无法理解。"简直像奴隶一样"，就是她的原话。并且，前辈们"就像国王一样"，一副理所当然的样子，坦然地接受后辈所有的付出。

于是，她问周围的人："为什么会这样？一、二年级的学生必须要照顾三、四年级的前辈吗？他们为什么一定要听前辈的话？"

如果你遇到这种问题，会如何作答？

"因为是前辈，所以很正常。"

高尔夫社团的同学们如此回答这位来自德国的女生的问题，但她还是无法理解。

"虽说是前辈，但也只差了 1 岁。大 1 岁就那么了不起吗？"

大学生有点面露难色地说："毕竟是前辈嘛！"

当然也有人有不同的说法："日本向来如此啊""一直就是这样的"，等等。

但这并不算真正的解释。例如，对于"为什么钻石很昂贵"这个问题，"因为钻石就是钻石""因为钻石向来都很昂贵"并不是答案。"钻石是十分宝贵的天然矿石，产量稀少，是天然矿石中最坚硬的物质，经过打磨可以呈现出夺目的璀璨光芒"，这才是钻石贵重的理由吧。

那么，前辈了不起的理由又是什么？因为年长 1 岁吗？仅仅相差 1 岁，就可以理所当然地被划分为"奴隶"和"国王"吗？她无法理解"1 岁的年龄差竟然如此的不同凡响"。

作为德国人，她之所以无法理解这一切，是因为在德国并没有"前辈、后辈"的概念。不仅仅是德国，在欧洲各国、美国等几乎世界上所有的国家中，都没有这种"因为年长 1 岁就要服从"的传统。

我在英国的话剧学校留学时，结识了一位 72 岁的女教师。我和她很亲近，她曾经半开玩笑半认真地对我说："在日本仅仅因为年长就会获得尊敬吧？真让人羡慕啊！"因为在英国，并不会仅仅因为 72 岁这个年龄就受到尊敬。18 岁的学生在意识里认为与 72 岁的老师是平等的。这位老师名叫夏蒂，即便她在上课，18 岁的学生也会若无其事地打断："你说得不对。"

日本人看了这个场景一定会感到惊讶。我们面对年长的老师，一般只会沉默地服从。不仅仅是英国，在很多国家尊敬与否都与年龄无关。不论对方是否年长，是否是老师，都平等地看待。如果是值得尊敬的老师，就选择尊敬；如果对方不值得尊敬，无论年长多少岁，都无法尊敬对待。

你如果参加过社团活动，就会明白越是没本事的前辈，越会摆出一副高人一等的样子。他们会傲慢、自以为是地讲话、发号施令，欺负后辈。真正优秀的前辈反而不会这样做。

我在上中学的时候，曾加入软式网球社团。至今还清晰地记得，优秀自信的前辈对我们这种后辈学生特别和

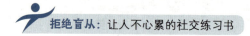
善，举止过分的反而是那些实力差又不自信的前辈。他们像使唤杂役一样，让后辈的我们买各种东西，还变着法儿地欺负我们。那个时候我就想："为什么必须要服从这种前辈呢？"对于亲切优秀的前辈，我心甘情愿地配合。但是，有些前辈把后辈仅仅当作"工具人"，而我对这种人完全无法产生尊敬的想法。

"服从是因为值得"，这才是合理的逻辑。对于不值得尊敬之人的要求，无须服从。因为对方出色，所以尊敬他。如果你能够在心中明确这个标准，就会发现类似"因为对方年长1岁，所以尊敬""因为对方年长1岁，所以服从"的说法多么可笑。所以，关键并不在于对方是否年长，而在于对方是否值得尊敬。

现实却是，我们仅仅因为对方年长1岁而服从。这是为什么？就因为一贯如此？就因为大家都这样？是啊，这就是日本的文化和传统。

因为对方年长而服从，这并不是由你或我决定的，而是日本的文化向来如此。这并不是你个人的问题，不是因为你弱势、前辈强势，而是源于日本的文化。因此，如果想要找到一种方法让自己不再服从"令人讨厌的前辈"，就要从研究日本的文化开始。

2

为什么无法拒绝他人的请求

下面再谈另一个与国家文化有关的话题。

你可以坦然地拒绝他人的请求吗？

如果朋友有事相托，当你不想答应时，能明确地说"不"吗？内心明明想拒绝，却怎么也说不出口，最后还是不情愿地同意了。在日本，有很多不会拒绝的人。这不是因为个人软弱，而是源于国家的文化。

我曾经与美国的同事共事过。如果我向他提出请求："你能帮我……吗？"那个美国人会笑嘻嘻地回答："不能。"一开始我对此很吃惊。

一般来说，当日本人要拒绝别人时，一定是面露难色，或者带着不好意思的神情，或者一副抱歉的表情。但是，那个美国人却能够一边微笑，一边说"不"。我为此受到了巨大的冲击，在此之前我从没见过能够如此轻松表达拒绝的人。

因为太过吃惊，我不禁问他："你怎么能做到笑着拒绝？"

对方一脸茫然地反问我："笑着拒绝很奇怪吗？"

我回答："你难道不会因为拒绝而感到压力吗？你对于说'不'没有心理障碍吗？"

他还是一脸茫然的样子，理所当然地回答："不能就说不能，这是很自然的事吧！"

话虽如此，换作是我，也许你也一样，当被拜托做什么事却不想答应的时候，内心必定是痛苦矛盾的，会有一种很抱歉的情绪。因为不想有这种情绪，所以即便对方提出的是无理要求，自己也会尽量满足。

仔细想想还真是奇怪，为什么会这样？明明只是拒绝不想做的事，为什么会这么困难？明明只要张口说"不"就可以，却怎么也做不到。不仅我是这样，很多日本人都抗拒说"不"。

从那以后，我就格外留意外国人拒绝时的表情。我发现，人家不过是自然的表达，不行就是不行，讨厌就是讨厌，勉强就是勉强，大方地说出来就好。为什么他们与日本人如此不同？我开始思索个中缘由，于是追溯到了"圈子"和"社会"这两种观念。要深刻理解日本的文化，这两点是重要的线索。

"圈子" 与 "社会"

　　你也许对"圈子"这个词不熟悉，但一定听说过"社会"，但这里所指的"社会"并不是学校里的学科。接下来，我将向大家详细介绍何为"圈子"与"社会"。

　　你也许感到奇怪，为什么要了解这些？因为社交痛苦恰恰与"圈子"和"社会"有着密切的关联。

　　如果你能真正理解"圈子"与"社会"这两个词背后的含义，就能探明社交痛苦的秘密。这两个词就是最关键的钥匙。因此，还请大家坚持读下去，内容并不难理解。

　　"圈子"是指与你的现在或者未来有关的人组成的团体。而具体来说，学校的同学或者在补习班认识的朋友，住在生活圈附近的人或者亲近的邻居等，对你来说都算是同一个"圈子"？而"圈子"的反义词就是"社会"。"社

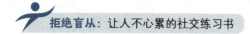

会"是指与你的现在或者未来都无关的人。例如，在路上擦肩而过的行人，地铁里坐在邻座的乘客，便利店的店员，邻町学校的学生，等等。

　　下面，我具体解释一下。

　　你是否曾经偶遇过"阿姨旅行团"？我就曾经遇到过。有一次，我在车站等车，周围有几位阿姨也在等车。当电车驶入车站，车门打开的一刹那，我前面的阿姨猛地挤进车里，她站在一排4人座的前面，向我的身后方向大喊："铃木、山田，这里有座，快过来！"顺着招呼声，几位阿姨从我身后涌过，越过我，一下子坐到了座位上。我和另一位乘客仿佛被封印了一般，呆呆地站在那里，没能就座。

　　一般来说，乘客都是按照先来后到的顺序就座。这位阿姨却完全无视我们的存在，毫无顾忌地招呼她的朋友们过来坐下。你们应该在生活中也见过类似的场景吧。阿姨无视我们，难道是因为冷漠自私吗？我想，并非如此。这位阿姨在她的生活圈子里应该是一位热心的、喜欢照顾别人的人，她很看重与自己有关的人。我说过，"圈子"里面的人都是和自己相关的人，所以这位阿姨很看重自己的"圈子"。而我和另一位乘客对她来说是没有关系的"社会人"，因此可以理所应当地无视。

日本人基本上都有自己的生活圈。大家都很看重与自己有关的人，而对于与自己无关的"社会人"，可以轻易地无视。这并不是冷漠或者有意为难别人，而是因为生活的领域不同。你也是这样的吧：如果在大街上遇到认识的人，能够毫不犹豫地上前打招呼，对生活在同一个"圈子"的人，能够自然地交流；但对于陌生人就很难主动搭话，这是因为你面对的是"社会人"。

有一天，出演《帅气的日本》(*Cool Japan*)的巴西嘉宾对我说："日本人真的很善良。3·11东日本大地震的时候，大家互相帮助。如果我们的国家发生这种事情，便利店肯定会被抢，交通乱作一团，闹得人心惶惶。但是日本人就不会这样，真棒！"

但是几天后，他带着疑惑的表情对我说："今天，我看到一位女士一边喘着粗气一边搬着婴儿推车上台阶。真是不敢相信！如果在我们国家，马上就会有人帮她把推车搬上去。为什么日本人不帮她？日本人不是很随和亲切吗？"

为什么没人帮她？作为日本人，你理解其中的原因吗？因为日本人很冷漠？并不是这样。因为对你来说，搬着婴儿推车上台阶的女士是"社会人"，是与你无关的人，

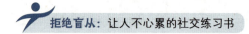

所以你不会伸出援手，或者说无法伸出援手。如果那位女士是你认识的人，你一定会第一时间帮助她。这与是否冷漠毫无关系。

对于同一个圈子的人，日本人能够很轻松地与他人交流，但是对于与自己无关的"社会人"，我们会尽量避免与他人扯上关系，更准确地说是不知如何建立关系。

对于正在阅读本书的你来说，在你的周围，也存在着"圈子"和"社会"两种领域。你在学校、补习班等地方认识了很多熟人，平时就生活在由这些熟人构成的"圈子"中，与在街边、车站、便利店等偶遇的"社会人"很少有深入交流的机会。

这就是普通日本人的生活现状。

“圈子文化” 的起源

　　为什么会出现“圈子”这种生活形态？与此相反的“社会”为什么能够成立？如果你了解了个中缘由，就会对我们当今的文化理解得更加深刻。进而，就会明白我们产生社交痛苦的原因。

　　下面，我们来谈一谈“圈子文化”的产生和发展。内容并不复杂，请耐心读完，如果确实有不容易理解的部分，还请坚持读下去，不要放弃；如果实在觉得晦涩，可以和朋友探讨。

　　直到江户时代，日本人都是生活在“圈子”中。也就是说，大家都是生活在由熟人构成的圈子里。最典型的就是“村庄”。对于住在同一个村庄里的人来说，所有人都是有关系的。

　　你听说过“一神教”这个词吗？顾名思义，“一神教”

是指仅信奉一种神的宗教，如基督教。

一方面，在日本并不是仅有一种神，而是有"800 万神明"的说法。说神明多达 800 万种可能有点夸张了，但是大家确实相信山上有山神、海里有海神、树林中有树神，万物皆有灵。各路神明并不会要求"你们只能信奉我"，即便他们打起来，也不会要求信徒只支持自己。我们无论是去寺庙，还是去神社，都会参拜。往往新年初次参拜会选择去神社，葬礼会选择去佛教寺庙举办，婚礼仪式则会选择去基督教的教堂举办。

日本人对于宗教的态度，说好听点是比较包容，说不好听点就是比较随意，而且很多日本人并没有宗教信仰。日本曾经还有一种类似基督教这种"一神教"的强大"神明"，那就是"圈子"。在村庄里，经商之家的商家、武士之家的武家，都属于"圈子"，是强有力的存在。

为了更清晰易懂，我把"村庄"作为"圈子"的代表加以解释。直到江户时代，村庄都是人们聚集在一起生活的形式，或者说，为了生存，不得不聚集在一起。究其原因，主要是农田里的水源。

在炎热干燥的盛夏，如果谁家随意地向自家田地里引水，其他家的农田就会缺水，导致农作物干旱而死。这样的结果就是村庄整体都无法生存。因此，村庄为了平均分配水资源，避免不公平，平时不得不严格监控整体的用水情况。各家如果不聚集在一起，整体管理，就无法生存。盛夏时节，如果邻村对水资源强取豪夺，那么整个村庄都要团结起来为此而战。

在水资源匮乏的时候，村民还要汇聚集体的智慧，考虑从哪里找水源，一起动手引水。这些全部是以村庄为单位整体考虑，进而行动的。

如果不参加这些集体行动，只考虑自家利益，光顾着向自家田地引水，就相当于破坏了村规。这种人是无法在村庄里继续生活的。

在日语中有个词叫"村八分"。如果有人破坏村规，就会被归类为"村八分"。如果被归类为"村八分"，那么他将被其他村民无视、孤立。除了火灾或者丧事有人帮忙，其他事都不会有人过问，出现任何困难也不会有人伸出援助之手。发生火灾和办丧事时会有人帮忙，并不是因为大家热心善良，而是因为如果对火灾置之不理，可能会导致火情连累其他村民。而如果尸体不及时下葬，会腐烂发臭甚至引发传染病。所以，是"不得不帮忙"，与热心善良没有关系。

可以说，只要村民遵守村规，村庄就会保护村民。例如，在播种的季节，如果有人身体不适无法劳动，其他村民就会替他下地干活。收获的季节也是这样，如果有人生

病了，其他村民会帮他完成收割。如果有年轻人找不到结婚对象，村民们也会把这当作自己的事，想尽各种办法帮他找对象。这种深度的联结关系就是"圈子文化"。

无论是结婚时帮忙打下手，还是打架时去助力、给农田分配水源……"圈子"会在生活的方方面面守护村民。这并不是为了个人利益，而是为了村庄整体的共同利益。以举全村之力帮忙找结婚对象这件事为例，如果年轻人顺利结婚生子，等于村里又多了一个劳动力，有助于村庄整体的发展。如果一个年轻人一直找不到结婚对象，全村都会跟着发愁。

在"圈子"中生活，只要你遵守村规，村庄就会全方位地守护你、照顾你。这些村庄，就相当于一个个强有力的神明。不仅仅村庄是这样，对于商人来说的商家，对于武士来说的武家，不同领域都有各自的"圈子"。可以认为这些不同的"圈子"都是日本强有力的"一神教"。如果不是这种社会形态，江户时代将无法存续。例如，武士如果脱离了他的武家"圈子"，就会成为脱藩者，被称为"无宿者"，这在当时是一种犯罪行为。

"圈子"对于日本人来说，就是如此密不可分。看到这里你可能会产生疑问：在当今社会并没有听说过"圈子"啊？确实，在当代，已经没有江户时代那种强有力的"圈子"了。

意欲挣脱"圈子"束缚的人们

　　到了明治时代，政府想要挣脱"圈子"这种生活形态的束缚。因为整个社会已经从村庄守护村民的时代，进入了国家守护国民的时代。如果村庄、商家或者武家还像以往那样强大团结，国家就会陷入被动。

　　大家都学过"富国强兵"这个词吧。这是明治政府的改革总方针，指的是繁荣国家经济、建立强大军队。进而，明治政府又提出了"殖产兴业"的号召，即促进各种产业复兴，推动国家发展的政策。

　　此时，"圈子"就成了障碍。因为到那时为止，日本人只习惯与同村的人，也就是同一个圈子的人沟通交流。听说过俗语"旅途之中无丑事"吧？这句俗语指的是当离开村庄踏上旅途时，因为没有认识自己的人，也不会长久地停留在某处，所以做一些出丑的事也没关系。

到江户时代为止，对于日本人来说，只有自己认识的人才是重要的。但是到了明治时期，政府需要把互不相识的人集合起来。无论是学校、军队，还是工厂，都不再以村庄为单位，而是需要超越传统的村庄概念，把人们聚集在一起。

此时，如果还保留"圈子"这种强有力的生活形态，日本人将只和同村的人主动交流。如果没有认识的人，他们可能就会一直沉默。这是政府不愿意看到的，因此需要打破"圈子"。

作为替代，国家开始向国民推行"社会"的思考方式。明治政府对"社会"是这样描述的："今后将是'社会'的时代。'社会'就是要与陌生人交往，大家齐心协力。只有熟人聚集的'圈子'形态，已经过时了。新时代需要崭新的人际关系，这就是'社会'。让我们开始与陌生人交往吧！"

因为只有破除"圈子"形态，让"社会"成为生活的基础，人们才有可能和陌生人一起生活。例如，去工厂工作，去军队效力，去教室里学习。

试想一下，如果你是明治时期的百姓，听了上面的话，会怎么想？"是这样啊，接下来就要进入'社会'阶段了。那好吧，就积极尝试着和陌生人交流吧。"你会轻易接受政府的观点，进而这样想吗？应该不会吧！

"话虽这么说，但是突然要和陌生人交流，实在很难接受，还是习惯和熟人在一起。更何况要参军打仗，想到要和完全不认识的人一起并肩作战，实在讨厌。可以的话，还是想与熟人一起协作抗敌，因为对陌生人无法建立信任。"你大概率会这么想吧！

事实也的确如此，无论政府如何号召大家进入"社会"时代，明治时期的人们还是想守住传统的"圈子"形态。但是当来自不同村庄的孩子去同一所学校上学，来自不同村庄的村民去同一个工厂做工，来自不同村庄的士兵集结到军队里效力时，强有力的"圈子"开始逐渐松动，但"圈子"这种思维方式还是被保留下来了。

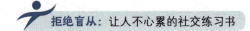

顽固遗留的"圈子"观念

对于日本人来说，"社会"这个观念无法扎根的结果，就是"圈子"的思考方式仍被顽固遗留了下来。

你一定从家中长辈口中听说过"不体面"这个说法。与生活在城市中的人相比，生活在农村的老人经常这么说。例如，一位女性即将结婚，但她仍然夜生活丰富，或者外出时的穿着打扮不稳重，就会被评价为"不体面""丢人"。一旦得到这种评价，往往就意味着再也得不到"圈子"的守护，因此必须要遵守"圈子"的规则。

现在，当艺人发生丑闻时，会在记者招待会上说："很抱歉，造成了不良影响。"可见，"圈子"的观念至今仍深入人心。

说了这么多，你也许对"圈子"的理解还是毫无头绪。有一个简单的测试方法，可以让你了解自己在多大程度上依赖于自己所属的"圈子"。请想象一下，朋友对你说："你最近风评不太好啊！"

你可能会不假思索地问："谁说的？"

于是，你的朋友皱着眉头答："大家都这么说。"

绝大多数人听到这里都会感到错愕，很少有人遇到这种情况能够内心毫无波澜。

但如果冷静下来想一想，"大家都这么说"的说法本身就很可疑。例如，你们班一共有 35 个人，除你之外还有 34 个人，这 34 个人不可能全都说你不好吧。即便是全班同学一起言语霸凌某位同学，也不可能全员说他坏话，一定有人保持沉默。保持沉默的人只是跟着大家，虽然表面看起来也在霸凌，实际上并没有说什么。

又如，在社团活动中，社团成员一共 20 人，除你之外还有 19 人。这 19 个人不可能全都说你坏话。或者在补习班中，一共有 10 名同学，除你之外的 9 人不会全都说你不好。可见，"大家都这么说"的说法是很奇怪的。

但当我们从朋友口中听到类似"大家都说你不好"的评价时，内心还是会感到错愕。这就是我们依赖于自己所属的"圈子"的证据。

也许有人听到"班里的同学都这么说"时，内心没什么波澜，但如果听到"朋友们都这么说"时，还是会吓一

大跳。因为此时，班级并不是你的"圈子"，而"朋友"或者说"关系很好的团体"才是你的"圈子"。互相帮助、关系深度联结的团体就是"圈子"。

测试结果怎么样？你是不是也有自己所属的"圈子"？

以居住环境为例，日本人过去都住在和室的榻榻米房间里，但是现在已经很少见到沿袭传统铺设的榻榻米了，越来越多的家庭选择铺木地板或者地毯。但是，很多人在沙发上坐得久了，会不知不觉地坐到地板上，把身体倚靠在沙发上。这是因为人们生活在传统的和室房间里时，会直接坐在榻榻米上，现如今身体还保留着过去的习惯。

我问过不少人，很多人甚至都没有在榻榻米的房间里生活过，但比起沙发，他们还是更习惯直接坐在地板上。人的身体就是如此神奇，会有自己的"记忆"。

思维方式也是这样，固有的思维方式很难被打破。

逐渐瓦解的"圈子文化"

我在前面谈到，虽然我们现在仍生活于某种"圈子"中，但这种"圈子"已无法与江户时代的"圈子"同日而语。现今的"圈子"，正处于不断瓦解的半破碎状态。

"圈子"的生活形态曾被完整保留到昭和时代。那时，住在附近的人会相互借用味噌、酱油、大米等各种基本的生活用品，熟识的人们彼此互相帮助。

"圈子"的瓦解最初是从城市开始的。不认识的人大量聚集在一起，由地域天然形成的"圈子"渐渐不复存在。

不过，即便是生活在城市中的人，如果在强调集体观念的公司里上班，仍会形成公司形态的"圈子"。校规严格的学校、住宿规则很多的学生宿舍也会各自成为"圈子"。如果你有很信任的团队，并且和团队里的成员总在

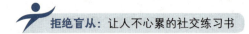

　　一起，那么你们就形成了新的"圈子"。在很讲究前辈与后辈礼仪的俱乐部，人们会认为那就是自己的"圈子"。

　　和城市相比，越是偏远的地方，"圈子"的生活方式被保留得越完整。例如，有些农村里的中学至今还统一要求学生剃光头。

　　很多人口少、彼此都认识的地方还保留着"圈子"的生活形态。我出生于爱媛县，我的家乡至今还保留着这样的习俗：每天早6点、晚6点，在公民馆用大喇叭播放音乐，用以告诉大家时间。

　　在当今这个时代，即便在农村，也有不少人会劳作到深夜，但是公民馆仍然会每天雷打不动地在早上6点用大喇叭大声播放音乐。很多人一听到音乐就起床了。不过，公民馆是不会停止播放音乐的，因为他们认为，每个人都要在6点起床，报时是为了大家的利益。

　　当然，如果生活在城市里，总是一个人独来独往，也有可能不属于任何集团，不属于任何"圈子"。尤其对于学生而言，完全有可能不受限于任何"圈子"。

　　但是人一旦进入社会，就不再可能完全脱离"圈子"。即便不是正式的公司职员，如果打短工的地方是追求团结的氛围，或者人不多但人际关系和谐的，依然会形成"圈子"。

　　辨别方法就是像前面描述的那样，"如果这个团队的所有人都说你的坏话，你将在多大程度上感到错愕"。没有感情基础或者没有利害关系的团队，即便"有人说你的坏话"，你也不会太在意。此时，这个团队对你来说就不是"圈子"。因此，你没有必要遵守这个团体的规则，或者说你也不打算遵守这个团体的规则，随时都可以退出。

与此相反，如果是重要的人，是自己喜欢的团队，你就不会感到无所谓，因为这个集体对你来说就是"圈子"。

生活在"圈子"中，虽然很安心，同时也要被各种规则束缚。

重要的是，在日本，即便人们已不属于任何"圈子"，潜意识中还是会保留着"圈子"的思维方式：总是独来独往的人，很容易和认识的人主动交流，却无法轻易和不认识的人搭话；对同属于"圈子"的人感到亲切，而对属于"社会"的人有距离感。

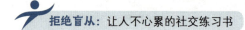

国外没有"圈子"

　　令人吃惊的是，除了日本，几乎所有的国家都没有"圈子"的概念。"圈子"这个概念只存在于日本。在国外，以欧美国家为代表，他们只有"社会"。对于他们来说，只有自己认识和不认识的两类人。

　　日本人乘坐电梯时，几乎全员保持沉默。大家绝无目光交流，眼睛只会直勾勾地盯着门上表示楼层的数字。对于彼此来说，大家都是陌生人，都是生活在"社会"中的人，不会相互交流。也可以说不想交流，或者说不知道如何在电梯里主动交流。

　　在欧美国家，如果乘坐电梯，大家一定会彼此点头示意或者交谈。他们认为生活在"社会"中，和不认识的人交流是一件很自然的事，站在狭小的电梯里，彼此的距离那么近，如果保持沉默反而会尴尬。欧美人来到日本，凡是有过在电梯中彼此沉默不语、只盯着楼层数字经历的，都感到很难适应。

此外，在欧美国家，如果前一个人打开门进入商店，一定会确认一下后面还有没有人要进来。如果发现后面还有人要进来，前一个人一定会用手撑着门，以方便后人进入，后面的人同样也会这样做。因为他们生活在"社会"中，时刻会意识到后面还有同属于"社会"的人。

在日本，几乎没有人这么做。因为对于他们来说，后面的人是"社会人"，是不用上心的。当然，如果他们发现后面是属于相同"圈子"的人，则会用手撑着门，方便后面的人进来。对于属于相同"圈子"的人来说，彼此这么做是很自然的事。因而，当我去国外的时候，会因为进门时被陌生人关照而感动。

此外，在说英语的各个国家中，如果在电车或者马路上，不小心碰到或者冲撞到彼此，马上会说"不好意思"。在法国，人们会说"Pardong"，也是抱歉的意思。因为彼此是不认识的"社会人"，所以会礼貌地道歉。如果他们不这样做，可能会引起不必要的冲突或者麻烦。

而在日本，如果在城市里，彼此有个轻微的磕碰，或者不小心踩了脚，大家什么都不会说。如果发生在小村

庄，彼此是属于相同"圈子"的人，会为此恭敬地道歉。但是在城市中，彼此是互不相识的"社会人"，如果只是不小心碰了一下，没有比较严重的后果，大家不会为此表示什么。

外国人总是认为日本人"很有礼貌"，但是对于来日本旅行的外国人来说，日本人的这种行为习惯着实令他们吃惊。

你们喜欢出国旅行吗？我建议你们一定多出去看看。去不同的国家，看不同的人文景观，感受不同的文化，有助于客观地了解自己所处的国家、城市和文化。"客观"了解是指明白自己的生活状态并不是唯一的、绝对的情况。

自己所处的生活状态并不是唯一正确的，这种认识可以将我们从社交痛苦中拯救出来。

在很多年前，在社交软件上，有一个提问："为什么要学习？"一位家长的回答成了热点话题："这个问题如果用杯子和茶来指代——学习语文，会让你注意到'透明的杯子里注入了有颜色的茶'；学习数学，会让你了解'200毫升的杯子里还剩下不到一半的茶'；学习社会学，会让你明白'中国制造的杯子里倒入了产自静冈的茶'。学习将让你有能力用不同的角度和价值观去看待事物，让你的心灵更加自由。"

很棒的回答。"多种角度和价值观可以让心灵更加自由",指的就是"客观的思考"。

当我们感到痛苦时,对事情的理解就会狭窄。"只有这种解决办法""别无选择,只能这么做""实在没有其他办法了",等等,思维容易陷入类似的误区。此时,如果能了解他国的文化,就会产生更多的思维角度和思考问题的方式。这才是真正的"让心灵更加自由"。

我在高中时代,曾担任学生会主席。参加竞选的时候,我的演讲主题就是要改变没有意义的学校规则。不知你们学校是什么情况,在我们高中,从头发的长度到袜子的颜色再到裙子的长短等,都有各种各样的规则。

我当选了学生会主席,想马上把这些规则改掉。但是,负责学生管理的老师找到我,对我说:"如果改变校规,学校会很被动。校规是经过深思熟虑后制定的。"我本来还想反驳,结果对方说"校规绝对不能改",就结束了谈话。

为此,我对县里所有公立高中的校规进行了调研。因为我上的是县立高中,所以私立高中的数据没有参考价值(在私立高中,即便校规非常灵活自由,也会被认为理所当然,因为"私立学校是独自管理的")。

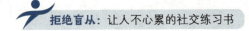

在我就读的高中，女生只能穿黑色的长筒袜，肉色袜子是禁止穿的。在我看来这毫无道理，负责学生管理的老师却回答："这是理所当然的。"

调研的结果表明，附近其他的高中只允许穿肉色的长筒袜，黑色袜子是禁止穿的，因为"黑色长筒袜看着不正经"。如此说来，我们学校的所有女生都不正经吗？真是可笑。

经历了这件事，我忽然就释然了。校规并不是绝对的标准，连我们旁边的学校都有完全相反的规定。可见，这根本没有绝对正确的唯一答案。

如果你了解其他的文化，就能以更加客观的角度思考问题，就能明白自己所处的情境并不是唯一的。因此，为了对"圈子"有更加客观理性的认识，建议大家多多去国外旅行。我再举一个国外的事例进行说明，在国外，并不存在"圈子"，只有"社会"。

如果问一名日本人："你的恋人是在哪认识的？"答案一定是学校、补习班、打工的地方、办公室等，与认识的人聚集的地方。如果用相同的问题问一位欧美国家的人，答案更多是公园、火车、银行、饭店、酒吧等，与不认识的人相遇的地方。因为对于欧美人来说，与不认识的人打招呼、互相交流，是一件很平常的事。

当我去欧美国家的超市时，店员会看着我的眼睛向我问好。直接被对方盯着打招呼，我常常感到很不习惯，内心非常紧张。即便是第一次去某家商店，店员也会看着我的眼睛，很大方地跟我说"你好"。

在日本，如果是常去的商店、百货店、蔬菜店等，店员跟顾客打招呼是很常见的。客人和店员彼此都熟悉，他们就是同一个"圈子"里的人。但是如果去便利店或者超市等这种彼此都不认识的地方，双方就是"社会人"。此时，客人和店员彼此不会对视，店员只会例行公事地说"欢迎光临"。

大多数的日本人已经习惯了这种生活状态，所以去国外的超市时，如果第一次见面的店员很热情地说"你好"，他们会感到紧张。有过出国旅行经历的人，都会有这种切实的体会。

国外没有"圈子"的观念，日本人却被这种观念深深影响着，至今依旧。

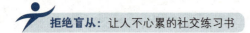

苦于拒绝他人的秘密

我们刚刚一直在谈论"圈子"与"社会"的区别，感谢你耐着性子读到这里。至此，我想谈论的前提已经说完了。

日本存在着"圈子"与"社会"这两种截然不同的生活形态，当你明确了这一点，再来理解社交痛苦的秘密将非常简单。

首先，如果你明白了"圈子"是怎么回事，就会理解"为什么日本人对拒绝他人的请求感到痛苦"。过去，日本人生活在"圈子"中，彼此都认识，会互相帮忙、互相照顾。例如，在江户时代，人们住在村庄里，如果邻居提出"需要帮忙种庄稼"，大家会把这视作重要的村规而出手帮忙。因为，如果有一天自己因生病无法下地干活，也会需要其他村民帮忙，因此自己帮助别人也是应该的。也就是说，村里有了帮忙办事的需求，绕来绕去，最终自己也将成为受益者。

同村的人如果让你"晚上早点睡，早上早点起"，这并不是简单的抱怨。因为大家都生活在同一个"圈子"里，你勤奋劳作，生活变得富裕，村里的生活就会变得富裕，我也同步变得富裕。因此，听起来似乎是在抱怨，其实是为了大家都能过上更好的生活，是为了你好。毕竟，我们是生活在同一个"圈子"里的人。

也就是说，生活在同一个"圈子"里的人，无论请求帮什么忙，绕来绕去，也是为了自己，而"社会"就不同了。"社会人"是根据自己的需求提出请求，因为并不了解你的情况，所以"社会人"只会表达自己真正想说的内容。这与是非没有关系，与"社会人"是否冷漠或者任性也没有关系。"社会人"与你无关，也不了解你的情况，所以可以没有负担地表达自己的需求，仅此而已。

如果为了"寻找早上一起慢跑的伙伴"而提出"晚上早点睡，早上早点起"，则是为了方便自己，与对方的利益无关。

我在前面表达过，"圈子"的观念顽固地遗留在日本人的意识中。因此，当他人对我们有所请求时，我们会倾

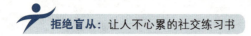

向于认为是相同"圈子"的人在提要求。我们会不由自主地认为对方是在为我们的利益考虑、为了我们而提出的请求。这种情况下，怎么可能轻易拒绝！我们会下意识地产生"对不起""很抱歉"或者"实在无法拒绝"的想法。

遗留在我们内心深处的"圈子"观念，让我们无法轻易拒绝对方的请求。更何况，当对方是来自相同团队、相同补习班等同一"圈子"的人时，我们自然而然地对拒绝感到为难和抱歉。

虽然我们已经不是生活在具有强大约束力的"圈子"中，就像江户时代的村庄里那样，关于"圈子"的记忆还是会让我们产生一种错觉，认为对方提出请求"是为了我们自己好"。这种情况下，我们会有意无意地认为拒绝他人是一件很不好的事。而外国人因为一直生活在"社会"中，因此可以微笑着轻松拒绝他人的请求。

"社会人"为了满足自己的需求而提出请求，所以无须为拒绝而感到抱歉。是的，你并不是因为软弱才无法拒绝他人的请求，实在不必为此自责。日本人容易产生这种内疚的思维倾向。如果你明确了这一点，你就可以找到相应的解决办法。

如果他人求你办事

当有人求你办事时，可能你的本意是"不想帮忙"，但又不好意思拒绝，于是开始陷入纠结。此时，先不要焦虑，请静下心来，判断一下这个人对于你来说是同一个"圈子"里的人，还是"社会人"。如果是同一个"圈子"里的人，就意味着现在或是将来他会与你定期产生交集；如果是"社会人"，则意味着他与你只是一面之交，今后不会再有关系。

当判断对方是"社会人"时，光明正大地直接说"不"就可以，不用觉得抱歉。因为和对方不会见第二次面，所以心安理得地直接拒绝就好，没有任何问题。

在日本，有时商家或者饭店会碰到恶意投诉的客人。店员对这种客人一般会礼貌地回应处理。在网络上，甚至出现过店员向投诉的客人下跪的照片。

曾经在新闻中看过这样一则报道。店名我记不清了，内容大致就是客人有言辞激烈的投诉，店员想下跪以示歉意，这时店长出现了。店长是一位德国人，他对投诉的客人说："你说话这么无礼，算什么客人。我把钱退给你，赶快离开。你再胡搅蛮缠下去我就要叫警察了。"就这样，店长强硬地处理了此事。

店员和投诉的客人见状都惊呆了。店员本想通过道歉息事宁人，而恶意投诉的客人本想借机获得商品或者金钱作为赔偿。没想到来自德国的店长却坚定地表示"这种行为算不上客人"。

对于德国店长来说，客人是"社会人"，与自己没有关系，这么说毫无心理负担。虽然我们之间用钱交换了东西，但只有在交易发生时，我们是店员与客人的关系；交易完成后，我们又恢复到没有关系的状态。

我们并不习惯与"社会人"交流。所谓"社会人"，就是无论现在还是将来，都与我无关的人，没必要进行复杂的沟通，只需根据情况进行最低限度的交流即可，基本不会发生和不认识的人长篇大论这种事。

因此，投诉的客人虽然只是"社会人"，但由于交流内容又长又复杂，让店员产生了正在与同一个圈子里的人交流的错觉（投诉者如果不是一直光顾某家商店的老客户，就可认为是"社会人"）。

当你认为对方是同一个圈子里的人时，就会认真听取对方的意见。但对于德国店长来说，并没有"圈子"的概念。因此，他觉得无视对方的无理要求没问题，更不用觉得抱歉。对方不过是"社会人"，没什么大不了。

当然，店员也会碰到恶意投诉的客人是同一个"圈子"里的人的情况。在这种情况下，店员确实很难拒绝无礼要求。这时，他就需要理性思考一下，情况是不是像过去生活在村庄里一样，自己是否依赖于强大的"圈子"。

我在前面介绍过，在过去，如果村民破坏了村庄的规定，就很难生存下去。现如今，你和对你提出请求的同一个圈子人又在多大程度上被"圈子"约束着呢？

以同班同学或者同一团体的伙伴为例。他们也许依然可以体会到"圈子"的强大，但根本没法和旧时的村庄相比。鼓起勇气，大胆说"不"吧，没关系的。前面介绍过，"圈子"的生活形态已经处于半破碎状态。拥有强大约束力的"圈子"已然不复存在，你只是被"拒绝他人不太好"的观念束缚着。

当然，如果遇到了像《哆啦A梦》里的胖虎这种爱欺负人的"大块头"，或者在社团里遇到了喜欢刁难人的前

辈，就比较难办了。这种情况更容易产生具有强大约束力的"圈子"，就像在旧时的村庄一样。好在这种情况并不会经常发生，在大多数场合下，我们遇到的都是来自不断瓦解的"圈子"之人。但拒绝同样会令人痛苦，因此请不断提醒自己，痛苦的原因是潜意识中的"圈子"观念。

那么，当你遇到了爱欺负人的"大块头"或者喜欢刁难人的前辈该怎么办？我将在本书的后半部分做详细介绍。

知己知彼

　　我之所以一直在解释"圈子"与"社会"的真正含义，是因为打仗时，最令人恐惧的就是自己对敌人一无所知。例如，当敌人来偷袭的时候，你完全不知道敌人从哪里来，数量是多少，武器装备情况如何，这将非常危险。就像恐怖电影中隐藏在黑暗森林里的幽灵，正是因为它来无影去无踪，才令人恐惧。

　　如果敌人来偷袭，你能够探明"敌人从空中过来，一共有 30 人，装备与我军相同"，恐惧就会大幅度减少。毕竟只有"知己知彼"，才有可能"百战百胜"。掌握了对手的情况，就能决定何去何从："是战斗还是撤退？如果战斗，采用什么策略？如果撤退，该走哪条路线"，等等。

　　还是说回到幽灵："这些幽灵是 100 年前被盗贼残忍杀害的农民，因此会怀着怨念憎恨幸福的人，其必杀技是诅

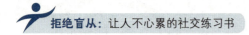

咒。如果被幽灵上身，健康将每况愈下。"如果你对幽灵了解到这个程度，内心的恐惧就会锐减。

社交痛苦也是这样。我们究竟为什么会产生社交痛苦，是什么导致我们社交痛苦，社交痛苦背后真正的始作俑者是谁？如果这些我们都不了解，自然无法战胜它。

令我们苦恼无奈的社交痛苦，其背后的根源，正是与"圈子"有关。

读到这里，相信一定有人理解我在说什么，也一定有人持怀疑态度："真是这样吗？"

即便你不能全部理解，也没关系。我不断向大家解释"圈子"和"社会"的具体含义，是为了与"社交痛苦"作战，为了找出产生"社交痛苦"的根源。如果你能明白这点，我就很满足了。

接下来，我将谈一谈产生"社交痛苦"的根源以及如何与它作战。

场域中的信息

　　以前，日本曾流行过"读懂场域"的说法。在电视台播放的搞笑节目或综艺节目中，如果嘉宾"没有眼力见儿"，说了不合时宜的话，就会被要求"读懂场域"。所谓"读懂场域"，是指所处的环境和场域中包含了很多信息，请先弄明白这些信息后再发言。

　　你也喜欢看搞笑或综艺节目吧。如果留意的话，你会发现节目中有很多综艺效果，一般也都是主持人有意设置的，是节目中的"场域"。这些主持人往往由大牌艺人担任，你应该没见过没有主持人的节目，也很少见到由资历浅的艺人主持的节目吧！越是有人气的节目，越是由大牌艺人担任主持人。

　　参加这类节目时，嘉宾有时要根据主持人的示意调整谈话内容。如果嘉宾能明白"主持人想要什么样的节目效果"，也就是能够"读懂场域"，就能和主持人配合好，节目组也喜欢邀请这种嘉宾。例如，如果嘉宾参加的是由搞笑组合 Downtown 主持的节目，就不会在松本人志面前聊北野武的电影。①

如果嘉宾表现欠佳被要求"读懂场域"，那么他基本上不会有第二次机会参加这档节目了。

你是否用过"读场域"这个词？一位上中学的朋友说，他们常用"KY"来代替。这里的"KY"并不是"恋爱预感"②的意思，也不是"读懂汉字"②的意思，而是"（不能）读懂场域"、"读懂场域"的意思。

一般来说，当大家聚在一起时，即便没人说话，彼此还是会留意当下场域中的信息。这里的"场域"，也可以理解为"氛围""气氛"或"形势"。你能明白被"场域""氛围""形势"等支配的感觉吧。并没有谁提出明确的要求，也没有谁提出鲜明的主张，但自己就是会不由自主地受到影响。

例如，周日和朋友们聚在一起商量去哪儿玩，在当时的氛围下，整体意向不知不觉地就变成了要去"游乐园"。

---

① 译者注：松本人志是搞笑组合 Downtown 的成员之一，也曾导演多部电影。

② 译者注：在日语中，"恋爱"的拼写首字母为"K""预感"的拼写首字母为"Y"；"汉字"的拼写首字母为"K""读懂"的拼写首字母为"Y"。

虽然你想去的地方是"电影院",但是由于场域的力量过于强大,你根本就说不出自己的真实想法。

再比如,俱乐部的成绩不理想,最后责任被推到了成员 A 一个人的身上。你即便不认同,但在当时的情境下,也无法表达自己的真实想法。

这种时候,你想想看,是不是像搞笑节目一样,团队里有个明确的主持人?或者有个人能像大牌艺人主持节目那样,把握节奏?如果有这么一个人,那么他确实能够引导场域。例如,在社团活动中,带头批评成员 A 的是部长,那么引导当时场域的人就是部长。

但当你和朋友们聚在一起商量去哪儿玩的时候,整体意向逐渐变成去"游乐园",你却怎么也说不出真实想法,是因为有影响力很大的人在场吗?在社团活动时,只有一年级的学生聚在一起,现场有影响力很大的人吗?虽然现场没有大人物引导,也会产生某种让人无法抗拒的氛围。这种无声的压力,就是"场域"。

不可思议的是,即便没有能够决定"场域"的"大人物"在,"场域"还是会产生,并且一旦产生就会有强大的影响力。不知道从何而来的"场域"在无形中成了不可撼动的决定因素。你也有过这种体会吧?

我有一次去居酒屋,正好坐在一个大学生团体旁边。

正值 4 月，那应该是班级同学或者社团成员第一次见面，大家在依次进行自我介绍。某个学生说了一个无聊的冷笑话，有人尴尬地笑了笑，然后集体陷入了沉默。其他人想打破沉默，又大声说了另一个冷笑话，于是现场陷入了更深的沉默。这时有个人站出来，开玩笑似的说："拜托，读懂场域后再说话吧。"这句话引起了一点笑声，笑声结束后，气氛反而更加紧张了。

我对这个反应很感兴趣。第一次见面的场合，并不存在有绝对影响力的大人物。因此，大家并不知道当下应该说什么，不清楚究竟是什么样的人聚到了一起，说什么才得体。也就是说，大家并不了解当时的"场域"，或者说，当时的"场域"还没确定下来。

这时，虽然有人提醒要"读懂场域"，但要读懂还未确定的"场域"，根本就是在"挑战不可能"。因此，大家才会感到紧张。我不禁思索为什么当时"读懂场域"的要求让人讨厌。

你可以想象一下，自己加入新社团，与成员们第一次见面的情境。这时，"场域"未确定，有影响力的大人物也未明确，甚至都不知道是不是存在这样一个人。这种情况下，就不可能要求大家"读懂场域"。即便做到了"读懂场域"，那个"场域"也可能突然发生变化。

例如，一个人做了很长时间的自我介绍，氛围有点无聊。于是，接下来做介绍的人会犹豫："我还是说短一点吧！"或者"我也要做这么长的自我介绍吗？"如果前面的人做了简短的自我介绍，下一个人也会犹豫："我还是介绍得长一些吧！"或者"同样简单点介绍也挺好。"

不论是哪种情况，场域都会突然变化。我们会跟着当时的"场域"行事。

如果有场域引导者在现场就不一样了。他马上会引导大家"发言有点长了，请大家做简短的自我介绍"，或者提示大家"介绍得这么简单，大家还是无法了解你，再多说一些吧"。这样就决定了"场域"的方向。

我们和朋友或者团队在一起交流的时候，很少有场域引导者在场。在团队中，很少能有占主导地位的大人物；在朋友中，也很难有影响力巨大的引导者。大家基本上都是和水平差不多的人一起交流。

当然，如果现场有一位前辈，那么他就会很自然地成为场域引导者，但这种情况并不常见。更常见的情况是现场有好几位前辈，很难指定其中一位前辈成为场域引导者（当然，如果部长在，则另当别论）。但是即便没有大人物在场，当下还是会形成某种"场域"，并且这种"场域"会产生一种令人无法抗拒的力量。

如果是因为有影响力的大人物在现场，提出了明确要求而形成了某种"场域"或者"氛围"，进而产生令人无法抗拒的力量，还比较容易理解。但现实是现场并不存在这样一个人，却依旧会形成某种"场域"或者"氛围"，产生令人无法抗拒的力量。真是不可思议。

截至现在，我一直在谈论"圈子"，可能有人还不理解我的用意。"圈子"虽然处于逐渐瓦解的半破碎状态，却依然顽固地遗留了下来了，以一种更加休闲的方式，一种在任何场合下都能够表现出来的方式遗留下来了，这就是"场域"。

抽象点来说，就是"流动"的状态。曾经的"圈子"逐渐瓦解后，被重建为一种更加常规的、能够在各种场合以任意形式表现出来的形式，这就是"场域"。

看似随意的"场域"，一旦被确定下来，就会产生强大的影响力。因为其原形就是"圈子"，因此即便没有听说过"圈子"的人，也会在日常生活中遇到"场域""氛围""气氛""形式"等由"圈子"重建而来的形式。

我曾经担任过话剧导演，因此有机会在表演工作坊授课。在工作坊中，大约 30 名学员聚在一起，围坐成一个圈，然后依次做自我介绍。

第一个人往往会介绍自己的姓名、年龄、出生地，然后下一个人也会按照这个内容介绍，再下一个人还会如此，最后全员都这么介绍自己。

我内心不禁感叹："这真是日本独有的现象。""圈子"常规化以后成为"场域"，大家被"场域"支配着，只会介绍"姓名、年龄、出生地"，就像命令一样传递下去。

在国外的工作坊授课时，如果我让大家做自我介绍，绝不会发生同样的情况，参加者会随意介绍自己的爱好、特长等各种信息。

我在日本授课，让学员们做自我介绍时，偶尔也会出现下面这种情况：第六名或者第七名学员鼓起勇气，不再简单地介绍姓名、年龄和出生地，开始介绍自己喜欢的电影和事物。于是，现场流动起一种轻松的氛围，"场域"就这样发生了变化。

因为某位学员开始自由发挥，于是"场域"发生了变化。可见，无论这个"场域"看起来多么强大，都不是一成不变的，除非有一个有影响力的场域引导者在场。

"场域""氛围""气氛"等的原形就是"圈子"，所以充分了解了"圈子"的特征，也就理解了这些"圈子"常规化以后的形式与特征。

接下来，我们再谈一谈"圈子"的原形。实际上，有5条源自"圈子"的规则，我们一条一条地看。

源自"圈子"的规则1：
年长的人地位高

源自"圈子"的第一条规则就是"年长的人地位高"。不仅在日本，在韩国也是如此，人们普遍认为年长者本身就值得尊敬，这是基于儒家思想产生的观念。

在欧美国家，人们并不在意对方是否"年长"。大家在学习英语的过程中，有没有对"brother"和"sister"产生过疑问？在英文中，经常见到"She is my sister"的表述，对应的翻译为"她是我的姐妹"，没有明确表示出究竟是姐姐还是妹妹。

因此，当我们去美国的朋友家中拜访时，即便朋友介绍自己的家庭成员"她是我的姐妹"（She is my sister），我们还是不知道这位女士到底是朋友的姐姐还是妹妹。虽然如此，美国人也觉得无所谓，因为他们根本不在意。

但是对于日本人来说，年龄可是很关键的。到底是姐姐还是妹妹，是哥哥还是弟弟，意义完全不同。

对于欧美人来说，当他们必须区分姐姐还是妹妹时，会使用"年长的姐妹"（elder sister）或者"年轻的姐妹"（younger sister）这种说法。但在日常生活中介绍兄弟姐妹时，通常只会说"兄弟"（brother）或"姐妹"（sister）。

不仅仅是兄弟姐妹的称谓，对于日本人来说，对方的年龄比自己大还是比自己小，是一个很重要的问题。

他们还会因此改变遣词造句的方法。很多人对同龄人不用敬语，但如果对方是比自己大一届的学长，就会使用敬语。而"圈子"的规则之一就是无条件地尊敬年长的人。怎么样，你认同这点吗？

对此我实在无法理解。因此，我从中学时代开始，对那些"虽然是前辈但不值得尊敬的人"，就不采取尊敬的态度。同时，我非常尊敬那些"值得尊敬的前辈"。当那些"不值得尊敬的前辈"有意欺负我时，"值得尊敬的前辈"还会帮我解困。明明不想尊敬，却做出一副尊敬的样子，这种行为我实在是做不到。

想想也可以理解，仅通过年龄决定相处的态度，是一种捷径。这个人比我年长，所以我就得听他的；这个人比我年轻，所以我就可以命令他。这种行为方式其实省去了思考的步骤，但是人际关系并没有这么简单：比自己年轻的人中，也有值得尊敬的人；而比自己年长的人中，也有完全不值得尊敬的人。

现在，当社团中的前辈对你训话时，你的回复大概率都是"好的，好的"。但当你成为社会人，事情就变得没这么简单了。例如，大学的同学中可能会有复读生，这样就会出现"虽然年级相同但是年龄比自己大"的情况。如果自己是复读生，那么就会出现"虽然年级相同但是年龄比自己小"的情况。如果是在职人员来学校就读，还会出现"年级虽然相同年龄却大很多"的情况。当你踏入社会以后，也可能会遇到"上司比自己年龄小"或者"部下比自己年龄大"的情况。因此，无法仅通过年龄来决定相处的态度和方式。

在江户时代，大家都生活在村庄、商家或者武家，因此年龄就代表一切。长大成人以后，他们也可以简单地通过年龄决定与他人的相处态度和方式。

你是否看过由日本著名导演黑泽明执导的影片《七武

士》？如果还没看过，建议你一定要看一看。这部影片描述的就是村民为了保护村庄秋天的收成，抵抗强盗"野武士"劫掠的故事。

被强盗困扰的村民，去找村里的长老商量办法。长老给出的建议是，雇佣武士去抵抗野武士的劫掠，这也是这部影片有意思的地方。总之，由年长的人做重要的决定。

但现如今，"圈子"正处于逐渐瓦解的半破碎状态，人们不会仅仅因为这个人年长就去征求他的意见，"长老"的身份已然不复存在。仅仅依据年龄决定交往态度的原则已经不再适用于当今社会。

"年长的人地位高"这条源于"圈子"的规则也该被淘汰了。如果你还是仅仅根据年龄决定交往态度和方式，将会得不偿失。因此，为了以后能够更顺利地进行社会交往，建议大家从现在开始练习不把年龄作为唯一判断依据的交际方式。

源自"圈子"的规则2：
共享同一时间很重要

　　"共享同一时间很重要"是源自"圈子"的第二条规则。生活在同一个圈子里的人，会认为"彼此要共享同一时间"。下面，我详细解释一下。

　　例如，学长在上周五请你吃过饭，本周一当你看到这位学长时，肯定会说"感谢你周五的款待"之类的话，以再次表示感谢。大部分的日本人都会如此，因为在大家的意识中，这代表了和前辈或上司"共享了同一时间"。

　　在欧美国家，如果你同样地再次表示感谢，对方反而会感到奇怪："嗯？怎么特意又感谢一次？难道还想让我请客吗？"

在日本，人们（女性居多）接打电话后自报姓名时，往往会说"一直承蒙您的关照"。即便是第一次和对方通话，他们也会这么说（越是大型企业，这种情况越普遍）。这是因为，人们会认为"因为对方一直以来与我们公司有业务往来，所以才会打电话过来"，会认为彼此经常共享同一时间。

此外，日语中常用的"今后也请多多关照"这句话很难翻译成英文。日本人会认为，"接下来我们将度过相同的时间，所以顺顺利利地继续下去吧"。这本不难理解，但前提条件是"接下来我们也将度过相同的时间"，这种感觉很难用英语传达。

当然，因为译者很专业，可以变通地翻译为"很高兴可以与您一起共事"，或者"让我们一起建立良好的合作关系"等，以便于欧美国家的人理解。但其含义和日语本来要表达的感觉还是不一样的。

我们总是认为"共享同一时间"很重要，所以会把能够"共享同一时间"的人归为"自己人"。只要大家在一起，即便什么都不做，也是有价值的。日本的加班时长在全世界都很靠前，还因此产生了"过劳死"这个词。翻译为英语，就是"karoshi"。我们认为"因为上司还没走，

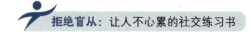

所以不能回家""全体职员都共享同一时间"，这就是加班文化的最重要起因。其实，是否因工作加班并不重要，重要的是能共享同一时间，一直待在公司里。

在社团中，成员参加社团活动的时间越久，越容易获得高评价。表现好的人获得高评价很容易理解，与此同时，与大家相处的时间长短、也是获得好评的标准。这其实是彼此对生活在相同"圈子"中的一种认可。共处的时间越长，意味着大家生活在同一个"圈子"的时间越久。

反之，在集体行动时，如果个人表示"我要先走了"，就意味着不愿和大家再继续"共享同一时间"，是主动把自己排除在"圈子"以外的行为。

我曾经在英国留学 1 年。一到晚上 6 点，我就会在酒吧（英国的居酒屋）里看到许多穿着西服的工薪族，大家都在开心地畅饮啤酒。当我第一次看到这个场景时，很吃惊：大家这么早就来酒吧喝酒，难道英国的工薪族不需要工作吗？关键是，当时英国的经济形势却持续向好。与此同时，在日本，虽然人们经常工作到很晚，甚至加班到深夜，经济却持续不景气。这种现实足以说明仅仅共享同一时间并没有多大意义。

最近，在日本，越来越多的年轻人开始拒绝上司张罗的酒局。因为越来越多的人意识到，只要在上班时间认真高效工作，下班后的私人时间完全可以自主支配。我对此非常认同。

你即将踏入社会，很可能会遇到来自上司或者前辈的邀请，一起喝酒聚餐。这个时候，如果你确实不想去，请鼓起勇气，大胆地说出"我先回去了"，无须担心。我们要相信，能够直接拒绝的人会越来越多。

可以预见，如果直接拒绝无效社交在社会上成为主流风气，大家也就不会再强求"共享同一时间"。想想也是，如果只是通过"共享同一时间"来确立同伴关系，着实是一种悲哀。

我在前面介绍过，自己曾经担任过话剧导演。我们一般都是先排练一个半月，然后公演 1~2 个月。在公演的最后一天，会举办"庆功宴"，目的就是让大家从"共享时间"中抽离出来。

不仅仅是话剧，一般在运动会、文化节、体育节之后，都会有庆功宴，目的之一就是宣告这件事已经正式结束。

我曾经在英国指导过两次戏剧演出，都是把我自己的作品翻译成英文后，由英国人出演。令我意外的是，在公演的最后一天，他们并没有"庆功宴"这个环节。大家排练一个月，在最后的公演完成后，就直接解散了。

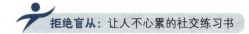

在欧美国家，大家并没有"圈子"的观念，因而也没有"共享同一时间"的意识。公演结束后，自然也没必要特意安排庆功宴去宣告事件的结束，让大家抽离出来。如果有人想喝一杯庆祝一下，约着想去的人同行就可以了。公演结束后，我和演员们去喝酒，既有人同去，也有人直接回家，大家表现得都很自然，没有压力，没有强迫。也没有人责备直接回家的人，因为在大家的意识中，并没有"圈子"的观念，所以也谈不上要"共享同一时间"。

换作在日本，将是完全不一样的情形。例如，你所在的学校篮球队在比赛中挺进了第三轮，却遗憾地止步于此，赛后，你们通常会举办"遗憾会"，大家一起吃饭聊天。在欧美国家，他们就不会安排这种正式的聚会，只有想一起放松一下的人相约着聚餐。

参与我话剧演出的演员们都是很优秀的人才，我们虽然不会特意举办庆功宴或者遗憾会，却仍是很好的合作伙伴。**大家只是不会把"共享同一时间"作为验证彼此伙伴关系的重要标志。**

源自"圈子"的规则3：
重视送礼

源自"圈子"的第三条规则就是"**重视送礼**"。

日本人通过互送礼物，确认大家是属于同一个"圈子"的人。有朋友邀请你参加家庭派对时，你的父母是不是会叮嘱你"带着礼物去"？是不是会告诫你绝不能空着手去拜访？日本人通过互送礼物，来确认大家是生活在同一个"圈子"中。

移居到海外的日本人，也会把国内的生活习惯带出去。搬新家时，日本人往往会给邻居准备一些小礼物，毛巾和香皂是最传统的选择。外国人无法理解这种行为，甚至会因此产生误会："他在毛巾公司上班吗？"或者"想推

销香皂？"搬家还要特意向左邻右舍打招呼送礼物，这令外国人感到莫名其妙。

不仅如此，移居海外的日本人如果受邀去外国友人的家里拜访，也会带着礼物。外国人对此同样感到费解，因为他们并没有登门送礼的传统。当然，如果在车站买到了特价草莓，或者收到了红酒，自己亲手烘焙了甜点，带着去串门儿也没什么问题，但在他们的文化中，并没有"不带礼物登门很失礼"这种观念。

日本人还有"收礼后必须还礼"的规矩。无论是结婚的贺礼还是葬礼的奠仪，都需要还礼，这也是一种传统的礼仪。

你是否听说过初夏或者岁末送礼的传统习俗？你如果还是学生，可能对此并不了解，但当你步入社会，很可能会卷入"礼物关系"的世界。这种习俗会带给大家"我们生活在同一个'圈子'中"的确定感与归属感。

但我对此还是持怀疑态度，总觉得"通过互送礼物确认关系"不太可靠。相信和我有共同观点的人会越来越多。

源自“圈子”的规则4：
故意排挤

源自“圈子”的第四条规则就是“故意排挤”。

为了让大家团结在一起，旧时的“圈子”会“有意制造排挤”。这点应该比较好理解。

江户时代，一个村庄之所以能够紧紧地团结在一起，是因为邻村的存在。在“圈子”中，人们常常因为意识到存在着与自己不属于同一个“圈子”的人，而彼此更加团结。例如，大家会选择那些只有相同“圈子”的伙伴才能懂的语言方式、暗号或者行为，这都是“圈子”的特征。因为其他人不知道、不理解这些特有的语言方式、暗号、行为，所以同一个“圈子”里的人彼此联结得更加紧密。

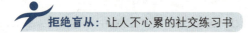

在"圈子"中，大家不仅时刻防范着邻村的存在，还会在村庄内部"有意制造排挤"，来加强村庄的团结。欺凌在世界范围内都存在，但日本有一种特有的欺凌形式——孤立。以班级为例，全班同学会联合起来，选择一个人彻底地无视他，这种欺凌方式具有鲜明的日本风格。

在其他国家，如果班里发生欺凌行为，大家的态度一定各不相同：主动欺凌的、被欺凌的、旁观的、阻止的、视而不见的，等等。只有日本的欺凌是所有人联合起来针对一个人。

这就导致欺凌行为经常轮流发生。如果某个人见义勇为挺身而出，保护了被欺凌的人，这个人就会成为下一个被欺凌的对象。此时，班级就是一种具有强大影响力的"圈子"，而"圈子"会通过排挤他人，巩固内部的团结。如果有人想强化"圈子"的团结，也会利用这一点，通过对内或者对外"故意制造排挤"，强化成员的集体意识。

在社团活动中，为了增强大家的凝聚力，一方常常提起竞争对手的学校社团，这也是在"故意制造排挤"，这种排挤没什么大问题。但如果为了增强凝聚力，在社团内部选择一个人群起而攻之，就成了欺凌行为。

当我们看到有前辈不断地找某个同伴的麻烦，请擦亮眼睛，这很可能是前辈"为了加强集体的凝聚力，有意选择了某位受害者"的伎俩。

此时，请大胆站出来，勇敢地说："这个人其实没有那么糟糕。"简单的一句话，就有可能化解这场欺凌。

关于这一点，我将在"与强大的'圈子文化'对抗的方法"部分详细介绍。

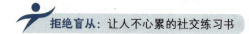

源自"圈子"的规则5：神秘性

在源自"圈子"的规则中，最后一条就是"神秘性"。

这条规则的意思是"圈子"是神秘的、不可思议的，甚至是违背逻辑的。就像我们在社团活动中，总会听到别人说"我们一直都是这么做的""从以前开始就是这样"或者"我也说不清楚是为什么，反正大家都这样"。这就是"圈子"神秘性的体现，是只适用于"圈子"的方法。

但仔细想想，我们就会发现，这些做法既不合理，也不高效，还有可能给自己带来麻烦，但由于大家都是这么过来的，自己也就跟着这么做了。

就像我前面提到过的，很多学校都存在毫无意义的校规，就是属于这种情况。为什么会制定这种校规？为什么

60

连长筒袜的颜色，有时候甚至过分到连内衣的颜色都被统一规定？为什么这些规定有助于防止不良行为，又如何对学生有益？我想没有人可以给出合理的解释。只是因为大家一直以来都是这么做的，仅此而已。甚至可以说在这一点上，"圈子"是讲不通道理的。

尝试从好的方面理解，就像下面这种情况。有一家过去经常和朋友一起光顾的饭店，因为在那里留下了很多美好的回忆，所以即便现在出现了物美价廉的新饭店，大家还是愿意选择去那家老店。但对于后加入这个团体的人来说，就会产生这样的疑问："为什么有更便宜、更美味的店可供选择，大家还是去老店？"

在传统的习俗、祭祀的程序和仪式中，也有很多说不清的"神秘"。

有时候是为了稳定"圈子"的团结，逐渐发展成这个样子；有时则是"圈子"的影响力过于强大的结果。

你有没有想过，为什么在日本，所有的小学生从一年级开始就要全都背书包上学？在这些学生们中间，一定有人不喜欢背书包，但大家还是会遵照这个传统行动。

据我所知，不背书包上学大概率会迎来两种结局：有的人不背书包上完了六年小学，有的人却很快迎来了校长的谈话"你这样做会扰乱校园秩序，请务必背书包来上

学"。"扰乱秩序"就是典型的"圈子"用语。

如果学校所在地更接近城市，"圈子"的影响没那么强大，学校的要求可能会放宽一些，用手提袋或者时髦的背包也可以；如果所在地是农村或者町这种"圈子"形态被顽固遗留的地方，不背书包上学就会受到来自四面八方的各种压力。

你也许无法想象，在日本，大学四年级的学生在参加面试时，全都会穿着黑色的"职业套装"。这个现象也是"圈子"被顽固遗留于日本的证据。大家会觉得，如果不穿黑色的职业套装去面试，就没有机会得到这份工作（事实是否如此不可验证，因为招聘企业的人会说"没有要求服装一致"）。

为什么一年级的小学生一定要背着书包上学？为什么大学四年级的学生必须穿着黑色的职业套装面试？答案不得而知，这就是"圈子"的神秘性所在。

"圈子文化"很难被打破

前面介绍的就是源自"圈子"的 5 条规则。这些规则虽然很难改变，却也在"一点一点发生变化"，在慢慢地变好。

只有大家都去积极尝试，努力改变现状，"圈子"带来的不良影响才有可能减少。放任不管是不会有好结果的。

"圈子"为什么如此难以改变？这个从我们生来就是这样，今后也将继续下去的观念，确实神秘。

当然，这个"圈子"的观念并不是被谁强加的，也不是被谁命令的，而是自然产生的。

长久以来，日本农业都以水稻种植为主。日本的气候温暖多雨，土质适合水稻的生长，因此水稻在日本被广泛种植。这种以农业为中心的社会，称为农耕社会。

而在西方，适合农耕的土地较少，就像文明的诞生地

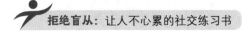

希腊，因而狩猎活动得以推广发展。这种以狩猎为主的社会，称为狩猎社会。

农耕社会以集体生活为基础，因为水稻种植只能通过集体作业实现，所以人际关系的基础就是集体生活。江户时代的村庄就是如此，这正是"圈子"的起源。

狩猎社会则以单人或者多人的行动为基础，因为个人就可以完成对野马、野牛、野猪等动物的猎捕和屠宰。于是，西方的个人主义出现了，不是集体思维，而是以个人为基础。

在英语中，基本不会使用"没办法"这种表达方式。说起来，与其感觉最相近的应该是"无济于事（it cannot be helped）"，但我从没有从美国人或者英国人口中听说过，因为这种说法透着一种"失败者（loser）"的感觉。

比较接近的还有"我们别无选择（we have no choice）"，美国人会使用这种表达，但其含义是"我们已经尽了最大努力，实在是没有办法了"，是一种积极的态度，与消极地认为"没办法"而放弃努力并不相同。

日本是一个习惯说"没办法"的民族。不知你是什么样子，如果出了什么意外，会不会下意识地表达"没办法"。这种现象与其说是由日本人的性格所致，不如说源于我们体内流淌着的"民族记忆"。"还能怎么样呢，姑且用'没办法'的心态接受现状吧",这就是我们惯用的思维方式。

怎么样,现在明白为什么日本人的"圈子"观念很难改变了吧。到明治时期为止,"圈子"从未被破坏、改变过,拥有强大的影响力。事实上,"圈子"一直存续到今天,仍旧对人们有着强大的约束力。

我在本书"苦于拒绝他人的秘密"中曾经解释过,人们在潜意识中,认为"圈子"的存在最终会令自己受益,所以并不想改变或者废止它。停止一件让自己受益的事情,想想就很奇怪。

这样做的结果就是,"顺其自然"成了日本人的处事风格,无论发生什么,接纳、不抱怨、顺从就好。只要不是什么太过分的事,都可以顺着别人的意思。

我想起当初去埃及旅行时发生的事。当时,我想跟着导游参观金字塔,所以参加了一个旅行团,结果途中被导游带到了一家纪念品商店。我什么都不打算买,就想离开,结果发现导游把大门锁上了。我告诉导游我的意图,没想到他理直气壮地说:"每个人必须购物后,才能离开。"

现场的几名日本游客对此感到困惑,发出了质疑声,但还是乖乖地开始挑选便宜的纪念品。一方面是因为他们

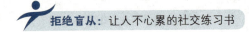

不擅长用英语声讨，另一方面是因为导游那副理直气壮的态度让人觉得很难拒绝。

这时，旅行团中的美国人开始激烈地抗议："我什么都不想买，快把门打开！你凭什么这么做！"见此景，导游开始还嬉皮笑脸地想蒙混过去不予理睬，但感觉美国人越来越愤怒，于是把门打开了。日本客人也都得以离开商店。

看到美国人这么坚决地抗争，我不禁思考："日本人能这么坚定地坚持自己的主张吗？"为了改变错误的"社会"，美国人可以战斗到底。而日本人，即便觉得事情不合理，也会觉得"没办法"，甚至逆来顺受，因为我们凡事都是以"顺其自然"为基础。

外国人到日本餐厅就餐，会惊讶于一种名为"主厨定制（Omakase）"的料理。"主厨定制"是指信任饭店的主厨或者店长，上什么菜品完全交给他们决定。在日本料理中，尤其是在寿司店里，这种点菜方式很常见。

外国人碰到这种情况，却无法接受。因为不知道即将吃到什么，如果把选择菜品的权利全权委托给他人，即便上了一些奇怪的菜品，自己也不好说什么。但对于日本人来说，"委托他人"是再正常不过的事，这就是日本文化。

当然，点菜时选择"委托他人"并不会产生什么大问题，在高级饭店就餐，这种意外带来的惊喜还会增加我们的幸福感。但回到日常生活中，如果什么事都"委托他人"，很可能会产生预想之外的麻烦。所以，我还是建议大家遇事多确认，自己做出理性的判断。

如果你关注国际新闻，就会发现世界各地不断地发生各种示威游行活动。大家遇到不满意的事情，不是选择"顺其自然"，而是提出反对意见。例如，人们因为贫富差距不断加大而抗议，反对增加汽车燃油税，不支持海外移民政策，不满总统的主张……因为各种不满意而游行，为了让"社会"更接近自己的预期而抗争。

在日本，游行示威活动基本不会发生。人们认为"圈子"已然存在，并且会一直存续下去，"圈子"是客观存在、不可改变的。当"圈子"或"社会"没有按自己的意愿发展时，他们也不会去试图改变，因为大家习惯性地认为"这是没办法的"，就像面对天灾时的态度一样。

"没办法""实在是没办法啊""确实无可奈何"……就这样，我们不断忍受着。说起来实在是遗憾，让我们生活的"圈子"和"社会"变得更加美好，本应是我们的权利和义务。

大家都行动起来吧，只要不采取暴力等破坏性的手段，就像其他各国一样，不要一味忍受，而要勇敢抗争。

与5条"圈子"规则抗争的方法

现在让我们再重温一下源自"圈子"的5条规则：

规则1：年长的人地位高

规则2：共享同一时间很重要

规则3：重视送礼

规则4：故意排挤

规则5：神秘性

虽然各个规则的影响力不同，但只要生活在日本，就会在不同程度上受限于这些规则。小时候是"背书包上学"，长大后是"穿黑色的职业装面试"……无论是想与这些规则和平共处，还是想起身抗争，对它们有清晰的了解是基础。

还记得我在书的开篇提过的社交困扰吗？

为什么拒绝他人的请求如此痛苦?

为什么如此在意旁人的看法?

为什么不得不服从前辈?

为什么总是迎合周围人的想法?

为什么如此看重社交软件?

为什么总是不知不觉地被场域中的信息左右?

通过我的介绍,相信大家已经对"圈子"和"社会"有了一定的了解,也基本明白了导致这些社交困扰的原因。

困扰一:"为什么拒绝他人的请求如此痛苦?"因为你我都被关于"圈子"的错误意识"对方是为了我们好,才这么做"影响了。

困扰二:"为什么如此在意旁人的看法?"因为生存在"圈子"中的状态就是如此。只要生活在"圈子"中,你就会不由自主地在意周围的目光。只是,我们要辨别清楚,自己是真的在意所属的"圈子",还是受到了头脑深处关于"圈子"记忆的影响。所谓受到了头脑深处关于"圈子"记忆的影响,是指实际所处的"圈子"并没有强大的影响力,只是自己想多了而已。

我们在欣赏合影的时候,经常发现有的人自我意识很强,觉得大家都会注意自己,因而摆出一副特别的神情。

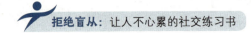

实际上，大家只关注自己，我们没有自己想的那么重要，那个人不过是沉浸在自己的"幻想"中而已。"圈子"的影响力也是如此，我们会产生错觉，认为被它强力束缚着，实际并非如此。

困扰三："为什么不得不服从前辈？"这是典型的"圈子"规则。我们可能会在生活中遇到喜欢欺负人的"大块头"，也可能在社团里遇到喜欢刁难人的前辈，前面我已经介绍过该如何应对这两种情况。

困扰四："为什么总是迎合周围人的想法？"和困扰二"为什么如此在意旁人的看法？"的意思基本一样。如果所属"圈子"拥有强大的影响力，自己很容易产生"必须要迎合"的想法。那么，该如何判断"圈子"的影响力呢？方法之一就是"顽固遗留的'圈子'观念"中提到的，当"大家都说你不好"时内心的感受。此外，你也可以尝试着问自己"如果不迎合周围人，是否会像在江户时代的村庄中那样，被其他人无视，进而无法生存""如果不迎合周围人的想法，是否会成为班八分、补习班八分、组八分、社团八分"？我在前面已经解释过了什么是"村八分"，村八分就是被其他村民彻底地无视。如果成了"班八分""社团八分"，被团队彻底无视，这将是一种残酷的欺凌。我想这种情况不会轻易发生，但是万一真的发生了该怎么办？我将在后面解答。

困扰五："为什么如此看重社交软件？"读到这里，答案就显而易见了：因为你认定"圈子"很强大，不想被孤立，不想被排挤在外，因而"积极地"回复。但请你冷静下来想一想，这个"圈子"果真如此强大吗？还是自己误以为它很强大，才积极回复的？会不会是自己误解了当下的"场域"，认为如果不回复，后果很严重？

困扰六："为什么总是不知不觉地被场域中的信息左右？""场域"就是"圈子"常规化、日常化以后的形式。实际上，在源自"圈子"的 5 条规则中，如果缺少了其中一项，现场就会形成某种"场域"。

在此，我引用之前介绍"场域"时举过的例子进行说明。周日，你和朋友们聚在一起商量去哪玩，在当时的氛围下，整体意向不知不觉地变成了要去"游乐园"。虽然你想去的地方是"电影院"，但是现场的气氛让你根本就说不出自己的真实想法。

想想看，在这种情况下，5 条源自"圈子"的规则中，没有涉及的是哪条？

和好朋友们聚在一起，状态是"共享同一时间"；朋友间会有请客、被请客等"送礼物"的关系。在朋友的圈子里，会存在加入或者退出的情况，从结果来看就是"排挤"。当然，这并不是欺负谁，而是与某些人走得更近，就意味着和另外一些人离得更远。此外，如果一群朋友间的友谊得以继续，一定会形成某些神秘的"约定"。例如，经常去玩的地点，或者去玩时彼此的联络顺序，等等。

看出欠缺的是哪条规则了吗？没错，就是"年长的人地位高"。

和朋友们在一起时，大家年纪相仿，很少有年长者在场，因此不存在有绝对影响力的主导者。因此，"场域"可能突然发生变化。如果现场有一位前辈在，大家会尊重他的意见。比如，前辈建议去游乐园，那大家都不会讨论，就直接决定了。但现场并没有这样的年长者，因此"场域"并不是绝对不变的，而是可以改变的。

即便如此，如果现实情况是 5 条规则中只具备了 4 条，还是会让人产生"场域"不可逆转的感觉。对此，为了对抗"场域"，就要采取"皇帝的新装"战术。

在安徒生童话中，有一个著名的故事，名为《皇帝的新装》。讲的是皇帝穿着"愚蠢的人无法看到"的衣服，这时一位小朋友诚实地大喊："皇帝根本没有穿衣服！"

大人们内心虽然嘀咕着"皇帝没有穿衣服吧"，但由于骗子提前告诉大家"愚蠢的人看不到衣服"，所以承认自己看不到衣服，就会让其他人认为自己是"愚蠢的"，因此大人们都跟随"场域"，没有说出实情。正是孩子的一句"皇帝根本没有穿衣服"改变了当时的"场域"。仅仅一句话，就可以令"场域"发生巨大变化。

回到朋友间商量去哪里玩的话题，如果"场域"倾向于去游乐园，可以试着直接这样问："大家一定要去游乐园吗？"

听到"一定"这个词，大家往往会犹豫起来："也不是一定要去……"

这时，不妨继续追问："既然这样，那我可以提议其他地方吗？"

"皇帝的新装"战术就是把即将决定的"场域"重新提出来讨论的策略。这样大家才会把内心真实的想法大胆地表达出来。

我在前面提到过，自己曾在表演工作坊授课，第一次见面的学员们做自我介绍时会介绍自己的"姓名、年龄、出生地"。

这时，我会直接提问："大家都只介绍了自己的'姓名、年龄、出生地'，请问是有什么规定必须这么说吗？"毫无疑问，大家一定会摇头。这时，就会有学员说"那我介绍一下自己的电影吧。"你看，"场域"就这样被轻松地改变了。

但这或许也是"场域"的可怕之处，因为可以轻易地被改变，因而会带来不安定感。

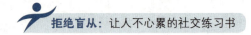

　　"圈子"不会轻易被改变：年长者无法突然变成年轻人；大家还是会共享同一时间。因此，社交是持续让人"心累"，"圈子"并不是突然折磨大家。

　　但是"场域"不一样，就像轮流发生的欺凌可能会因"场域"的改变而变化。

　　此时，请先确认现场是否存在有影响力的主导者（大多数情况下，"有影响力的主导者"是指"年长的人"）。如果现场没有这样一个人，"场域"是可以改变的；如果现场已经被"场域"控制，请使用"皇帝的新装"战术。

　　在太平洋战争时期，日本曾经引导民众进行"竹枪刺杀训练"。这听起来有点不可思议，就是面对美军的战斗机，把竹子斜切出锋利的枪头，用以作战。

　　当然，并不是真的用竹枪去战斗，接受强制训练的也不是军人，而是普通的百姓。町里的大叔、大婶们面对着天空，用竹枪猛刺。如果不能大声、用力地做这个动作，训练他们的士兵就会被激怒。

　　受训的都是成人，他们内心会觉得"这么做好蠢啊，靠竹枪根本不可能击落飞机。别说击落飞机了，如果被美国士兵用机关枪扫射到，就完蛋了"。如果他们把这些真实想法说出口，就会遭到士兵们的恶劣对待，有时甚至会因此被逮捕关进监狱。因此，大家虽然觉得这么做很傻，还是会服从地进行竹枪刺杀训练。

这种情况下，也有人会表示"真是不甘心啊，单凭这根竹枪根本就刺不到美国的飞机，太苦恼了"，进而停止训练。他们不是觉得这么做很愚蠢而拒绝训练，而是觉得竹枪刺不到美国飞机而感到不甘心和苦恼，所以无法继续训练。

这种情况下，负责指导训练的士兵也没法指责他们。因为无法用竹枪击落飞机，所以感到苦恼和难过。因为苦恼和难过，所以做不到信心满满地用竹枪刺向天空。

当然，这些人内心也会觉得"这么做太傻了，不想训练"，只不过表达时，把这种心情描述为"不甘心和苦恼"。这是一次精彩的"皇帝的新装"战术的应用，用"不甘心和苦恼"改变了当下的"场域"。

可见，"场域"即便会对我们产生影响，只要现场没有可以左右"场域"的"大人物"，就没什么好怕的。因为"场域"是可以改变的。

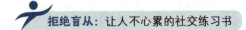

20
与强大的"圈子文化"对抗的方法

如果现场有可以左右"场域"的主导者，该怎么办？例如，我们有时候会遇到喜欢欺负人的"大块头"，或者在社团里遇到喜欢刁难人的前辈。这时，我们要面对的就不再是"场域"，而是"圈子"了。

我曾经受一个 5 年级女孩的母亲之托，与她的女儿谈一谈。女孩在美国出生，刚从国外回来。刚回到日本时，她喜欢穿着时髦漂亮的衣服去学校，结果过了一段时间，却不愿意再这么穿了，还会刻意打扮得朴素甚至土气地去上学。经过调查父母得知，因为孩子的穿着在班里太"显眼"，遭到了欺凌。

孩子的父亲是摄影师，了解情况后，对女儿说："不用改变穿衣风格，穿自己喜欢的衣服去学校就好。"但是母亲对此很担心"如果这样的话，女儿还是会被欺负"，因而找到我，商量该怎么办。

我对女孩母亲说："孩子需要抗争的并不是班级里欺负她的同学。"各位读到这里，应该明白我在说什么吧。女孩需要抗争的是世俗的眼光。

美国不存在"圈子"，只有"社会"。如果在美国，班级里发生欺凌行为，一定会有欺凌别人的人、阻止欺凌的人、无视的人、看热闹的人等各种角色，不会发生全班联合起来欺凌一个人的情况。但是在日本，发生欺凌行为时，班级就成了"圈子"，大家很容易抱团欺负一个人。

"圈子"是日本的典型代表，因而女孩正在抗争的就是日本的世俗观念。可见，这是一场艰难的战争，就像游戏刚刚开始，突然就要和最后、最强大的敌人作战一样。

我建议她穿朴素的衣服去上学，并希望母亲转告女儿，"她要挑战的对手并不是欺负自己的同学，而是'日本'这个国家的世俗观念"，并要向女儿强调，"穿朴素的衣服上学，并不是向欺负自己的同学认输，而是为了获得最终的胜利"。

既然要作战，就要准备好战略。因为对手很强大，是

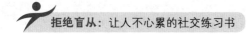

整个"日本"，所以她要慎重地准备作战方案。因为女孩无法轻易改变班级这个"圈子"，所以选择衣着朴素地去上学比较好。

当同学们看到衣着朴素的她，会认为女孩终于融入了班级这个"圈子"，成了自己人。但女孩回到家里，与朋友们一起玩耍时，依然可以穿自己喜欢的衣服，去补习班也一样。也就是说，只要在校外，女孩都可以穿着时髦漂亮的衣服。对此，女孩的好朋友一定不会说什么。补习班的氛围是轻松自由的，这样的穿着也没问题。

时间长了，一起玩耍的好朋友可能会说"你的衣服真好看，我也想试试这种风格"。这样，她就向胜利迈进了一步。通过这种方式，虽然她在班级里妥协了，但在其他地方取得了胜利。当然，从结果来看，班里的氛围很可能不会改变。毕竟，一年级的小学生还是要背书包上学，穿黑色的"职业套装"去面试的传统也没有改变。但是这些小抗争绝对可以成为撼动和改变国家这个大"圈子"的催化剂。

遇到喜欢欺负人的"大块头"，或者在社团里遇到喜欢刁难人的前辈时，也是这样。他们可能会提出令人讨厌的要求，如果这种事在半年或者一年内就发生一次，可以忍一忍。如果这种事每周都发生，并且提出的都是无礼要求，我们可以利用源自"圈子"的5条规则与他们对抗。

根据"年长的人了不起"这条规则，我们可以先听一听这位前辈提出的具体需求。然后，向社团里这位前辈的前辈求助，因为他肯定要听从自己前辈的指示。

例如，这位"令人讨厌的前辈"每周都让我们替他跑腿去便利店买东西，还不付钱。如果这个前辈比我们大一级，那就向社团里比我们大两级的前辈求助。在比我们大两级的前辈中，一定有值得尊敬的人，不会全员都不好。

当我们向大两级的前辈求助时，不是去告状，而是去表达自己为难且痛苦的现状，可以明确表示"如果再这样继续下去，我实在受不了了，只能退出社团"。这时，他如果说"别担心，我去和他谈谈"。我们就继续表示"别这么做，这样等于我在告状，他不会放过我的"。对此，大两级的前辈会安慰我们"如果他为此很生气，要揍你，你来告诉我"或者"我不会告诉他是你告诉我的，我是从其他人那里听说的这件事"。

总之，要充分利用"年长的人地位高"这条规则。

实际上，哆啦 A 梦里的大雄常常靠这种方式摆脱胖虎的魔掌。每当被胖虎提出无礼要求时，大雄就会设法通过赠送礼物来逃避。此外，我们还可以向能让大块头"闭嘴"的前辈求助。

我们不要悲伤于"圈子"无法改变的事实，而要利用好这些源自"圈子"的规则，去抗争、去战斗。"圈子"

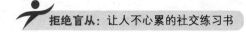

一定会一点一点地慢慢改变。

　　我期待着那个归国女孩长大成人，结婚生子以后，当她的孩子穿着时髦漂亮的衣服去上学时，不会再受到欺凌。为了我们的国家可以变成这个样子，我们每个人都要做出自己力所能及的努力。我写本书的目的也在于此。

群体压力

就像前面举的归国女孩的例子，在"圈子文化"中，存在着这样一种压力："**大家都要做相同的事，都要有相同的穿衣风格，都要说相同的话。**"我们称这种现象为"**群体压力**"。这是一种强烈的氛围，迫使你像其他人一样。

日本是一个拥有很强群体压力的国家。当然，这是因为"圈子"的存在，"圈子"的规则中有"故意排挤"的内容。大家为了自己不被排挤，都努力地顺从这种压力。

前面举了"游乐园"和"看电影"的例子，其实生活中还有很多类似的事情。例如，和朋友商量去哪里吃饭的时候，如果朋友强烈地表示"吃拉面吧""拉面最好吃了""想吃拉面""咱们去拉面店吧"，自己很难说出"我想吃汉堡"的真实想法。

如果是美国人或者英国人遇到这种情况，会直接说：

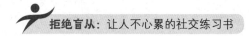

"那你去吃拉面，我去吃汉堡，吃完了咱们在这里集合。"

他们认为没有必要勉强自己顺应朋友的愿望，想吃什么就吃什么好了。他们彼此完全不会介意这一点，每个人都有自己想吃的东西。这很正常，互相勉强着凑合到一起反而奇怪。因为欧美国家的人生活在"社会"中。

还是我在英国的话剧学校留学时发生的事。学生中，既有高中毕业后入学年龄仅 18 岁的，也有大学毕业后入学年龄为 22 岁的。老师留作业，让学生们 3 人一组，各自准备"表演自己做的梦"。两周过去了，大家都在放学后拼命地练习、准备。一些小组热情高涨，另一些小组则苦苦挣扎。

我们小组有一位叫罗茜（Rosy）的女生，她的梦是一个听起来有点恐怖的故事："我在街上行走着，一个陌生人走过来，问我怎么去教堂。当我向他解释时，他突然袭击了我，然后跑开了。"我们把这个梦排演成话剧，开头很吓人，后来变得更像一部浮夸的动作片——逃跑、被追赶，再逃跑、再被追赶。

到了交作业的日子，同学们按顺序依次表演。

轮到准备作业时就苦苦挣扎的小组表演时，他们组其中的一个人对大家说："我们商量的结果是不参加这次表演了。"

我非常惊讶，疑惑地盯着老师的脸，心想："老师会同意他们这样做吗？"

没想到，老师一脸平静，非常自然地回答"明白了"，然后指定下一组继续表演。

没有任何人指责未参加表演的小组。那个小组的 3 名成员也是一副理所当然的样子，没有表现出任何后悔、羞愧、愤怒等神情。

我心想"这也太酷了吧"。感动之余，不禁感叹："只做自己想做的事情，这样真的可以吗？"显而易见的是，因为无须"做与其他人相同的事情"，所以生活中少了很多的社交痛苦。

日本在世界范围内，都称得上是群体压力很强的国家。这个特点当然有好的一面。例如，东日本大地震的时候，碎裂的道路在短短一周内就被成功修复。当时，有人把灾难刚发生不久和一周后的道路照片并排展示，在互联网上广泛传播到世界各地，成为"日本奇迹"。

施工的人各有各的难处：有的工人由于灾难导致亲戚朋友下落不明；有的工人自己家被摧毁，还在避难中。但是大家都能克服困难，把自己的事情放在一边，团结一致抢修道路，因为大家都认为这是应该做的。这就是"群体压力"积极方面的体现。

但是"群体压力"也有不良的影响。例如，如果班级

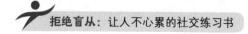

里有一个人不背书包，就会被其他同学攻击；身着洋气漂亮的学生会被其他同学孤立；等等。

"群体压力"能够让"大家团结一致"的前提是，"大家的想法都一样"和"团结一致是好事"。这是一种生活于同一个"圈子"里的同伴间的共同意识。

国外也存在群体压力。只不过这种群体压力的前提是："大家的想法都不一样"。

建议大家有机会一定去国外的中学或者高中看看。在纽约的学校里，白人学生、非洲裔学生、亚裔学生和西班牙裔的学生都在一个教室里上课。说是亚裔学生，也包括来自日本、韩国和中国等不同国家的学生，虽然统称为亚裔，但我们知道大家并不相同。

当这些如此不同的学生聚到同一间教室上课时，即便有人穿着华丽的衣服，我想其他人也不会因此去欺凌他/她。

因为彼此的文化不同，对于华丽的穿衣风格，一定会有人赞赏，也会有人反对。更何况，大家对于"华丽"的定义也不同。颜色鲜艳丰富是华丽？暴露的衣服是华丽？还是有人物肖像等印花是华丽？文化不同，定义不同。

有时候，我们也不知道对方的想法。例如，你在街上散步时，突然看到有位小朋友摔倒了正在哭泣，于是不假思索地快步上前，把孩子扶了起来。这时，站在旁边的孩子父母可能会连忙道谢："谢谢您的帮助。"也有可能会说："别扶他，我们希望教育孩子学会自己克服困难。"

再举个例子，假设一群邻居的孩子聚在一起玩，于是你从便利店给他们买了一些果汁。孩子们的母亲对此可能有两种态度：一种是"非常感谢您的好意"；另一种是"我们家不让孩子喝外面买的果汁，请不要再这么做了"。

就像家里的老人给孩子们买各种零食时，孩子的母亲因为担心健康而阻止："这些零食里面含有色素和防腐剂，对身体不好，不要再买了。"

在江户时代和昭和时代，生活在同一"圈子"中的人们，都会有相同的想法。因此，团结一致对他们来说是很简单的事。

但现如今，人们从世界各地来到了日本，也带来了世界各地的文化。日本人之间也产生了很多不同的文化，人们的喜好也变得愈加丰富不同：有人喜欢漫画，有人喜欢足球，有人喜欢网红，有人喜欢明星。大家已经不再可能像过去那样，都持有相同的想法。这也是"圈子"逐渐瓦解的原因之一（最初的理由是明治政府提出的"富国强兵"政策）。即便如此，大家还是会陷入"每个人的想法都一样"的思维，"群体压力"很难减弱。

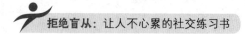

重视自己

　　我在前面写道，海外也存在"群体压力"。

　　为了尽量减少这种压力的影响，在欧美国家，学校的教育会着力于培养学生自我价值感、自爱和自我认同的意识。简单来说，就是"自尊的感觉和意识"：自己是如何认识自己的？自己有多重要？自己有多喜欢自己？培养这种感觉和意识。

　　各种调查的结果显示，日本是一个"自尊意识"很低的国家。日本的年轻人不怎么喜欢自己，对自己没有信心，甚至还讨厌自己。各种统计数据显示，女性的自尊意识比男性还要低。

　　这是有原因的。我认为这一结果与"圈子"有关。正如前文解释的那样，日本是一个农耕社会，比起个人的成功，更推崇集体的力量。与个人比起来，集体更重要。这样的社会很难培养出个人作为独立个体喜欢自己、重视自己的意识。"圈子"重视的是集体的凝聚力，而不是个人。

我在前面介绍过，自己曾在伦敦的话剧学校留学。在校期间，每当老师授课结束时，都会问一句："还有什么问题吗？"这时，大家都会举手。我刚开始看到这幅景象时，非常惊讶，没想到刚刚走出高中校门、大学校门的年轻人，如此的积极与投入。

"真厉害啊"，我不禁想，"大家还是挺有想法的嘛"。

结果，被指定提问的学生说的却是"今天的课程真有意思""今天讲的内容特别亲切，因为我过世的外婆也总是这么说"等自己的感想。

对此，我感到迷惑："这并不是提问，只是发表个人感想啊！"

接下来的每一天，每一次上课，当老师问大家"有什么问题"时，学生们都会举手。只是几乎没有人提问，大家只是表达自己的感想。老师对此也习以为常，认为这样做没问题。

3个月以后，我向同班同学理查德提出了自己的疑问。他很聪明，一下子就理解了我的疑惑："明白了，你想知道为什么当老师让大家提问时，我们光表达自己的感想。这是有原因的。"说着，他的表情变得严肃起来。从小学一

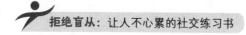

年级开始，无论我们体验了什么、学习了什么，最后老师一定会对我们加以引导："你们每个人都是独一无二、不可替代的，每个人都会有自己的想法或疑问，请把想法或疑问提出来。"或者"你就是你，不是别人，所以一定会有自己独特的看法或问题。"因此，每当我们体验或学习之后，就会产生一种"必须要说点什么"的强迫观念。

这里的"强迫观念"是指"不受控制地产生某些想法"。即便自己也觉得这么想有点奇怪，还是会不由自主地产生这些想法。

英国的同学们（有来自意大利或西班牙的欧洲人，也有美国人）也是如此，因为会产生"必须要说点什么"的强迫观念，所以当没有问题时就表达了自己的感想。

提问并不是一件容易的事。有一个词叫"提问能力"，如果针对授课内容能够提出问题，就说明已经充分理解了课程。如果没有充分理解消化，是无法提出问题的。如果只是谈论感想或感受，就容易多了，在大多数情况下都可以表达出来。即便上课像听天书一样，也可以如实回答"我不太理解"。因此，大家说的都是"感想或感受"。

我之前完全没想到欧美国家的学生会有这种强迫观念。随即，我又思索了一下，如果日本人被问到"还有什么问题吗"，会产生怎样的强迫观念。

这种事情如果发生在日本人身上，我们会想"既然老师都这么问了，我一定要好好准备问题"。这也是一种强迫观念。

我们会担心当自己起立提问时，如果问题的水平不高，可能会被同学们嘲笑"提这种问题，不觉得丢人吗"。为了避免这种情况发生，意识里就会产生"要好好准备"的想法。

这样的结果就是，当我在国外举办讲座时，如果问大家"还有什么问题吗"，会有人长篇大论地谈论自己的感想。如果是利用大学的上课时间做讲座，就会看到这种场景：虽然已经超过了课堂时间，该上下一门课了，学生们还在滔滔不绝地发表感想。如果在日本向学生提问"有什么问题吗"，大家会马上低下头，生怕与我对视。因为他们担心如果与我目光相遇，被指定回答问题，会很尴尬。因此，他们就像与我对视就会被石化一样，尽量避免和我四目相对。即便是那些有问题要问的人，也很少举手，因为他们觉得自己的问题不值得一问。这是一种"低自尊"的表现。

欧美国家的人认为，如果想要精彩地度过一生，必须要培养自己的"自尊意识"。如果不喜欢自己，觉得自己没有价值，就无法获得幸福与快乐。因此，他们从小学一年级开始，就被灌输"你是不可替代的"这种观念。

日本则不同，我们从小被灌输的观念是"不要给其他

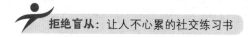

人添麻烦"。这种教育导致我们对"群体压力"非常敏感，是一种针对生活于"圈子"中人的教育。

人活在世上，不可能不给他人添麻烦。只要认真做事，就一定会成为谁的"麻烦"。例如，如果你为了成为球队的正式成员努力练习，就会有一些人无法成为正式队员，进而成为替补选手。你的努力对于他们来说就是一种麻烦。关键在于，你是否把它认作麻烦。

当然，如果出现了更加拼命练习的人，你将成为替补选手。这种时候，除了抱怨"真是麻烦啊"，也没有其他办法。

其实这并非真正意义上的麻烦，而是为了生存下去的"相互性"。所谓"相互性"，是指在给别人"添麻烦"的同时，别人也会给你"带来麻烦"，大家互相帮助，共同生存。人生就是如此，我们不可能认真地生活而不给任何人带来麻烦。如果尝试着不给任何人带来麻烦，你会发现自己将一事无成。

我们的人生不应该追求"不给他人添麻烦"，而应该追求"让大家变得幸福"。

不要害怕被排挤

　　与催生了社交痛苦的"圈子"抗争，还有一种方法。就是**"不要害怕被排挤"**。

　　曾经有一位高中女生向我咨询，她所在的小团体中，伙伴们都不把她当真正的朋友看待。她们这个小团体由5位好朋友组成，大家一起上课，一起吃饭，放学后一起去吃甜品自助，暑假还一起去海外旅行。但是，她常常感觉自己好像在与不在都无所谓：大家不和她商量就决定去哪里玩，其他4人中无论谁开始话题，基本都不会主动跟她搭话。

　　大家一起去咖啡店，她也被挤坐在角落里。如果无意间坐在了中间，其他人还会示意她"坐里面去"。她感到自己处于小团体的最底层，大家并没有把她当作真正的朋友。

我给她的建议是，如果从以下两种情境中选择："总是和不把自己当朋友的人在一起"与"自己一个人吃饭、上课"，更讨厌哪种？

大家都不喜欢自己一个人，我也是，不喜欢被别人认为没朋友，但是更讨厌"在一起装作是朋友的样子"。明明不是真正的朋友，因为讨厌自己一个人，不想看起来惨兮兮的，就装作是朋友而在一起，这样更令人生厌。

其实，这种小团体很多。觉得自己一个人是悲惨的、痛苦的，所以大家假装是朋友而聚在一起。这些人彼此间并没什么兴趣，所以也不听别人说话，只是沉浸在自己的话题里。

在这种小团体中，如果大家正在交谈时，其中一人去了洗手间，那么其他人就会开始说这个人的坏话。因为大家都在内心深处，觉得周围的人无聊或讨厌。

因此，我才给这个女生建议，把"假装是朋友的痛苦"与"一个人独处的悲惨"放在天平的两端，看看更讨厌哪个。

换作是你的话，会选择哪个呢？当然，两者都不好受，但还是需要慎重思考一下，更讨厌哪个。无须焦虑，慎重考虑就好。

如果你的感受是"无论何时何地，都讨厌自己一个人，实在无法忍受独处的痛苦"，则建议你选择"假装是朋友的痛苦"。这是一种融入"圈子"的途径——成为"圈子"中的一员。如果你认为"与不是朋友的人在一起，装作朋友的样子相处"是无法接受的，那就选择一个人独处。

我在上中学时，曾经认真地考虑过这个问题，最终选择了"一个人悲惨地独处"。因为我一想到"明明不是朋友，还要装作是朋友的样子"就感到难受。

不久后，我发现了有相同喜好的人。他也是因为讨厌"假装是朋友"，而选择了一个人独处。我和他就这个话题聊了起来，最终成了真正的朋友。

我恰恰是因为无法接受"假装是朋友的痛苦"，才注意到这个人的存在。如果我没有这么选择，就不会留意到他。他也是做了同样的选择，才注意到我。

选择"一个人悲惨地独处"，就是主动选择了脱离"圈子"。但是没关系，因为我们不是生活在江户时代，离开"圈子"，并不意味着被判了"死刑"。当然，我们会因此而感到寂寞、痛苦。有的人就是因为害怕这种寂寞和痛苦，而选择了融入"圈子"。

下面，让我们思考一下该如何排遣这种寂寞和痛苦吧。如果你能减少一些寂寞和痛苦，就更容易从"圈子"中脱离出来。

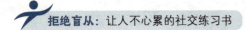

不要只属于一个"圈子"

　　我在前面提到过，日本人苦于和"社会人"打交道。你我都是这样，很难与陌生人展开长篇大论的谈话，更不用说，像欧美国家的人那样，在车站、公园这种陌生人聚集的地方，结交男朋友或者女朋友了。

　　但是东日本大地震后，日本各地开始了"社会人"之间的对话。走在路上，突然感觉地面摇晃了一下，于是陌生人之间不约而同地互相确认："刚才晃了一下""刚才的晃动幅度有点大。"因为经历过地震的人对于晃动非常敏感、不安，所以他们会情不自禁地交流起来，大家通过这种简单的对话，可以得到一点安慰。当然，如果是朋友在场，一定会热烈地议论："又地震了，真吓人啊！"

　　当没有同一个"圈子"的人在场时，通过与"社会人"交流，心情得到了放松，这有助于重新打起精神。

一个人在山区行走，时间久了，偶尔与人擦肩而过，会情不自禁地打招呼说"你好"。这种与陌生的"社会人"之间的对话，我称之为"社交对话"。你可能没有听说过这个词，这是我自创的说法，但你一定听说"闲聊天"。身边人的谈话很多都是"闲聊天"。

例如，两个人发生了如下的对话——

A：你出门去？

B：对，出去一趟。

如果仔细斟酌对话内容，你会发现它没有传达任何有价值的信息。"出去一趟"，到底去哪里？意思不明确。

为什么会出现这种对话？这就是"闲聊天"。两个人只是在确认彼此同属于相同的"圈子"。这种对话并不会发生在"社会人"之间。陌生人之间既不会问"你出门去"，也不会回答"对，出去一趟"。

无论在学校还是社团活动中，人们积极打招呼只是为了确认彼此是属于同一个"圈子"里的成员。这一点对于"圈子"来说非常重要。日本人也很擅长这种"闲聊"。

但是如果今后大家能逐渐习惯"社交对话"，将会更好。遛狗的时候，与其他的狗主人谈论狗狗的话题是"社交对话"；在图书馆，向陌生人倾诉"学习好辛苦"也是"社交对话"。不要小看这种对话，它可以将你从"圈子"

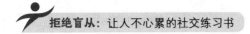

催生出的社交痛苦中解脱出来，让心灵重获自由。

如果你只属于单一"圈子"，那么一旦你被这个"圈子"驱逐，或者与它发生冲突，将无处可去。届时，你将非常沮丧和痛苦。

我们通常只和关系好的、同一小组的人说话、一起行动。如果你和小组成员发生了冲突，并因此被刁难，无法在小组中继续待下去了，一定会非常失落和难受。

有两个办法可以让你避免因为与唯一的"圈子"相冲突，或被它驱逐，而感到痛苦：方法一，同时加入另一个弱势的"圈子"；方法二，学会"社交对话"。

干劲儿满满的上班族在退休以后，容易陷入不知所措的境地，找不到生活的意义且对此无能为力。对于他们来说，公司就是唯一的"圈子"，所以退休离开公司就意味着失去了赖以生存的"圈子"。

如果这些上班族不仅在公司工作，还经常参加社区的业余棒球比赛或者志愿者活动，或者经常和高中同学一起玩，那么他即便离开了公司，也不会因为无所事事而不知所措。

经常在一起的群体是强大的"圈子"，如果一个人身处其中，就不太可能同时属于另一个同样强大的"圈子"。

我们不是要寻找另一个同样强大的"圈子"来对抗所属的"圈子",而是要融入其他更弱势的"圈子"。当然,如果能同时融入多个"圈子",就更好了。

补习班的小伙伴们构成了一个"圈子",参加的绘画班、舞蹈班也是一个个的"圈子"。我们通过融入这些弱势的"圈子",就可以抵住强大"圈子"催生的社交痛苦和各种纷扰。

向我咨询的高中女生只属于单一的强大"圈子",即她所在的小团体。所以,她即便感到"大家不把自己当回事",也很难从这个强大的"圈子"中脱离出来,因为这需要巨大的勇气。但是如果她每周都去舞蹈教室上课,在那里也有朋友的话,摆脱原有的"圈子"就容易多了。

如果一个人只属于唯一的"圈子",那么他就会对这个"圈子"产生依赖,即便因此而痛苦,也无能为力。但是如果他同时属于其他的"圈子",心情就会轻松很多。

只不过,每周一次的舞蹈课应该算是弱势的"圈子",所以一个可能不够。如果这个女生每周还参加一次补习班,那么这个补习班也就成了另一个弱势的"圈子"。这样,女生就有了更多的选择空间。

如果你还没发现其他"圈子",那就继续寻找。你可以开始去学点什么,或者参加一个补习班,还可以在网上

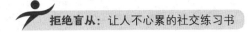

查询，看看有哪些俱乐部在招人。在寻找的过程中，你会发现孤独感被"社交对话"冲淡了。

当你去图书馆时，可以试着与陌生人分享自己的感受，比如，"这本书很有意思"。简单的一句话就会让你轻松很多。在车站，发现有位女性艰难地搬着婴儿车，这时你不妨上前问问"需要帮忙吗"，这会给你带来意想不到的满足感。

通过这些方式，与"社会人"交谈的同时，寻找可以融入的其他弱势"圈子"。

可以利用的资源

　　如果依附于强大的"圈子"，你也会变得强大。这并非因为你的实力变强了，而是因为支持你的"圈子"足够强大。人类是脆弱的，所以会利用这些资源来武装自己。

　　求职时，通过大企业的面试会让自己感觉变得强大；求学时，考入偏差值高的学校会让自己感觉变得强大；考大学时，考上排名靠前的高校会让自己感觉变得强大。但这些途径并不是让我们的实力变强了，而是大企业、偏差值高的学校、排名靠前的高校这些强大的"圈子"能给予我们更有力的支持。这就像如果我们加入了更有实力的球队，虽然自己的水平并没有发生变化，但还是会感到自己似乎变得更厉害了。

　　我在前面举过这样的例子：欧美国家的人，即便身边人都想吃拉面，如果自己想吃汉堡，就会直接表达"我要去吃汉堡"，不会有所顾虑。你一定会觉得他们很洒脱，也许还为自己容易被别人的意见左右而难过。其实，他们并不是自己洒脱，而是被强大的东西支持着。你知道是什么吗？没错，就是"一神教"的神灵。因为感到自己被强大的神灵支持着，所以他们可以平静地表达出不同意见。设想一下，如果神灵的旨意是让他们"吃拉面"，那么欧美人也会无条件的服从（当然，神灵并不会这么做）。

我在前面介绍过，在日本，"圈子"相当于一神教的神灵。所以，当其他人提议"吃拉面"时，人们是无法拒绝的。周围人的意见就是"圈子"的意见，相当于神灵的旨意。只是，目前的"圈子"处于逐渐瓦解的状态，不再像旧时那么强大。因此，人们试图通过加强自己所属的"圈子"来更好地支持自己。

假设你离开了一个令你感到痛苦的团体，加入了每周上一次课的绘画小组。这等于摆脱了关系紧密的强大"圈子"，进入了另一个弱势的"圈子"。但是在弱势的"圈子"中，你很难感到安心，因为你感受不到切实的支持。这时，人们就会想让弱势的"圈子"变得强大。为了实现这个目标，他们会要求大家彻底地贯彻"圈子"的 5 条规则：无条件地顺从年长的人；尽量和大家在一起，以增加共享时间；互相请客送礼物；故意排挤；遵守团体内的神秘约定。通过这么做，弱势的"圈子"确实变得强大了，但社交痛苦很可能随之卷土重来。

不要把建立关系紧密的"圈子"当作唯一的解决办法。不会排挤任何人，没有人处于团体的最底层，如果能建成这种理想的友好团体，将是非常理想的"圈子"。但这基本上是不可能的。因为团体成员的凝聚力越强，越容易出现排挤现象，就越容易有人受到伤害。而严格遵守源自"圈子"的5条规则，如"故意排挤"，正是让"圈子"变强的方法。

因此，与其摆脱关系紧密的团体，试图创建另一个强大的"圈子"，不如通过加入几个弱势的"圈子"，来更好地支持自己。

不要只属于单一的强大"圈子"，而要同时融入几个弱势的"圈子"。除了关系紧密的团体，学会与偶尔见面的人建立良好关系，这样才能更好地摆脱社交痛苦。

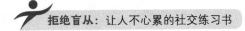

智能手机的时代

智能手机已经改变了我们的生活。拥有智能手机之前和之后，你的感觉有什么不同？看到朋友们发在社交网络平台上的照片，有什么感觉？会觉得"哇，好棒"吗？还是会有类似以下的想法："朋友看起来真快乐啊，我的生活却与此相反，那么惨""为什么大家都这么幸福，而我却……""不想看到朋友浮夸的社交网络平台照片"。

用网络进行联系，曾经带来的是希望，但现在已经成为一种负担甚至痛苦。通过智能手机与许多人联系，让我们感到越来越孤独。

仔细想想，真是奇怪。我们联系的人越多，越感到孤独和焦虑，而不是踏实和快乐。不幸的原因是，智能手机令"圈子"变得"可见"。它直观地告诉我们，自己身处什么样的"圈子"，自己又在多大程度上被"圈子"甩在身后，以及现在的"圈子"是什么样的。

同时，智能手机还增强了我们的自我意识。自我意识是指"周围的人如何评价自己"的意识。智能手机将这种评价以数字的形式赤裸裸地呈现：粉丝数量有多少，多少人点赞，多少内容被关注着……这些都被实时地呈现出来。这样一来，要想和自我意识顺利相处，就更加困难了。

我十几岁的时候，还没有智能手机。那时只有电视、报纸、杂志等媒体传播途径，想要得到关注是一件非常困难的事。十几岁骑自行车环游日本，访问世界 30 个国家，出版了小说等，媒体报道的都是一些无法简单完成的事情。因此，被媒体报道就意味着出名。

但是在智能手机时代，发布信息、获得粉丝并得到反馈是很容易的。得到了多少关注，今天的粉丝数量比昨天多还是少……这些内容手机都会一一告诉我们。如果一个人不能很好地处理与手机的关系，就会变得只在意他人对自己的评价，自我意识将越来越强，只关心"别人怎么看我"。

但是别人怎么看我会受到"场域"的影响，每天都在发生变化，是不稳定的评价。如果我们把这个作为生活的

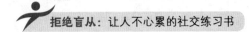

目标，那么每一天都将过得焦虑不安。我们会为了获得粉丝和点赞，会因为在网络上受到了更多人的认可而觉得自己了不起。这与过去大不相同，因为在网络上出名是一件容易的事，所以我们无法接受自己在虚拟世界中的默默无闻。

大家都认为在网络上"自己不该满足于现有水平"，于是不断地发布新内容。但网络中总有人在自己之上，无论发布了什么，都有可能被立刻否定。即便有人用心地发表漫画、电影、小说相关的内容，也有可能很快就会招来否定意见。于是，他们不得不面对"自己什么都不是"的现实。

为了不被否定，所谓"正义言论"就出现了："发现不满 20 岁的年轻人在喝酒""我上传了高中生吸烟的照片""有人闯红灯""马路上并排骑自行车的迷惑行为"，等等。把这样的内容发布在社交网络平台（social network service，SNS）上，不会被差评。通过这种方式，似乎实现了"觉得自己了不起"的目标。因此，最近网络上出现了越来越多的类似内容。

但在我看来，这样做并不会获得真正的满足与幸福，因为自己不得不一直在网络上徘徊、观察、揭发，这将是一种非常疲惫的状态。因此，不要把对他人的不满与仇视作为基调，要以认同自己、提高"自尊意识"为目标。

我们在社交网络平台上发布照片或者文章，要基于"自己是否喜欢"和"自己是否想做"，而不是基于"正义言论"或者"他人评价"。如果一个人只把"别人的评价"作为生存动机，那么他的人生真的会很痛苦。

我自己是一名作家，如果我只考虑"读者会不会喜欢"，根本无法完成作品。当然，如果能够受到读者的喜爱，我会非常开心。但在此之前，我一定会先考虑"自己是否感兴趣"以及"自己是否觉得有意义"，这才是最重要的前提。如果不能把这些内容想清楚，只考虑"读者是否喜欢"，生活将变得无趣且不幸。因为能够决定自己人生的只能是我们自己，而不是"他人的评价"。

还有一点很重要：最好不要把智能手机用于强化"圈子"的影响。也就是说，不要把看熟人的开心照片、在社交软件上交换信息作为首要目的，而要把智能手机用于与"社会"的连接。与未曾谋面的人产生联系，了解未知的信息，才是智能手机的最初用途。网络上充满了恶意与诱惑，如果不加留意与筛选，我们很可能会被这些信息毁掉。

人类目前并不能妥善地使用智能手机，我们就像魔法学徒，刚刚学会智能手机的强大咒语。智能手机可以让我们更加孤独，也可以让我们拥有更多可能性；如果你没有

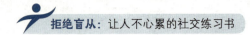

合理使用智能手机，可以把别人逼上绝路，也可以把自己逼到绝境。

但只要善用手机，利用好网络带给我们的便利，就一定会遇到让我们变得更好的信息和朋友。

网络既可以为我们提供小说、电影、戏剧等娱乐咨询，也可以带给我们那些可以让心灵满足的信息。网络还可以让我们了解到，这世上的某个角落里还有正在为了生存而挣扎的人，也有着千千万万令我们感动的人和事迹。总之，网络有助于我们从自己的"圈子"中获得自由，将我们从社交痛苦中拯救出来。

结　语

以上就是本书的全部内容。

关于"圈子"和"社会"的意义，你是否已经明白了？因为内容有点复杂，所以只看一遍可能无法全部理解，这种情况下，不妨多读几遍。如果有人对相关话题感兴趣，想了解更多，可以阅读我的作品《"场域"与"圈子"》（讲谈社出版），书中有更详尽的介绍。当然，最想传达给大家的核心内容，已经在本书完整呈现了。

日本是一个四季分明、高科技和传统文化并存、富有动漫等流行文化的国家。同时，它也是群体压力巨大的国家。在这种背景下，为了更好地适应、生存下去，我们就要发展智慧，不被表面现象所左右，学会透过现象看本质。我认为这个国家的本质就体现在"圈子""社会"以及"场域"上。如果本书介绍的思维方式能让你获得自由，支持你更高质量地生活，我将感到非常幸福。

长大成人并不意味着就可以摆脱"圈子"或者"场域"，从而获得自由。但我相信，如果我们敢于对压抑的"圈子"与过于强大的"场域"提出异议，这个国家就会

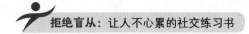

一点一点地发生改变。

当你拒绝了蛮横无理的前辈的要求，当你摆脱了假朋友群体，当你开始与陌生人展开"社交对话"，就不再只是一个人的抗争，而是在为这个国家同样饱受群体压力之苦的人们提供支持。

你的努力，不仅仅是你一个人的抗争。如果你能这样想，即便被团体排挤，即便在团体中感到孤独，也能更好地坚持下去。

我从心底全心全意地支持你与"圈子"及"场域"的抗争，加油！